초보자를 위한

타로카드
올바른 안내서

임상훈 · 황민우

초보자를 위한

타로카드
올바른 안내서

2018년 7월 13일 초판 1쇄 발행
2022년 10월 11일 2판 2쇄 발행

지은이 임상훈·황민우

편집 김동석
펴낸이 임상훈

펴낸곳 서로빛나는숲   **출판등록** 2013년 1월 21일 제2015-000045호
주소 경기도 고양시 덕양구 화중로130번길 16, 314-3호
전화번호 010-2667-9841   **팩스번호** 0504-075-9841
전자우편 radiating.forest@gmail.com   **홈페이지** http://www.radiatingforest.com

디자인 김동석   **종이** 한솔PNS
인쇄 및 제본 영신사   **물류** 해피데이

ISBN 978-89-98866-20-4   04180

초보자를 위한

타로카드
올바른 안내서

임상훈·황민우

The Right Instruction of Tarot

서로
빛나는
숲

2판 머리말

하나의 작은 조약돌이 거대한 호수에 파문을 일으키듯, 이 책이 가져온 변화의 물결도 서서히 하나의 흐름을 만들어가는 것 같습니다. 처음 이 총서를 쓰기 전 가득했던 암담함과 절박함은 걷히고, 독자 여러분의 늘어난 관심이 이 분야를 비추는 빛이 되어가고 있네요.

저로서는 한 분야를 올바르게 지탱하는 데 필요한 최소한의 조치가 이제야 이루어진 듯해 뿌듯합니다. 앞으로도 좀 더 많은 이야기를 할 수 있도록 최선을 다할 것입니다.

이 책이 타로카드에 입문해 기본적인 지식을 익히려는 사람들에게 디딤돌 노릇을 하고 있다면, '초보자를 위한' 안내서의 역할을 충실하게 수행했다고 할 수 있습니다.

책을 증보하면서 다른 점술 분야와 타로카드의 차이를 더 명확하게 설명하려 했으며, 좋은 덱을 고르는 기준 및 타로카드 78장에 대한 간단한 키워드 등의 정보 관련 글을 추가했고, 근거와 논리를 더 세밀하게 제시하는 데 중점을 두었습니다.

추가 또는 검증이 필요한 부분이 있다면 3판의 독자들에게 도움이 될 수 있도록 언제든 편히 제안해주시길 바랍니다.

끊어지려 했던 개울물이 이제야 강의 지류가 된 것 같습니다.

이 작은 냇물이 더 큰 강물에 닿아 바다로 나아갈 수 있기를 기원하며, 이 모든 과정에 성원을 보내주신 모든 분에게 감사합니다.

이 작은 분야에서 함께 같은 길을 걸어나가는 분에게, 이 책이 좋은 이정표가 될 수 있기를 기원하는 마음을 담아 글을 남깁니다.

감사합니다.

2020년 3월, 물의 근원에서
임상훈.

초판 머리말

지금 뒤돌아 생각해보면, 처음 인터넷 커뮤니티에서 활동했던 시절에는 타로카드에 관한 '초보자 가이드'가 없었습니다. 관심 있는 이들은 어떻게든 스스로 정보를 찾아 확인하고 접근하는 게 당연하던 시절이었고, 대중에게 더 보편적으로 접근하기보다 자신의 수준을 끌어올리는 데 집중했죠.

모든 분야가 그렇듯 타로카드도 대중화돼가고 있으며, 이 과정에서 올바른 기준을 제시해 새로 유입되는 이들과 자신이 알고 있는 것을 나누고, 나아가 더욱 논리적이고 합리적인 표준을 만들어가야 했으나, 그렇지 못한 시간이 너무 길었습니다. 이는 먼저 길을 걸어간 이들 모두가 반성해야 할 점이겠죠.

뒤늦게나마 최소한의 가이드라인을 설정하는 움직임이 시작됐지만, 아직 많은 부분이 부족합니다. 이 책을 통해 타로카드에 관한 정보를 취사선택하는 기준과 방법을 소개하고, 타로카드 입문에 필요한 기초 개념을 소개할 수 있어 다행입니다.

물은 갈래갈래 갈라져 있어도 결국 바다를 향해 갑니다.

이 책도 부디 그렇게 될 수 있는 하나의 작은 지류로나마 남아주길 기원합니다.

2018년 6월, 물의 근원에서
임상훈.

차 례

타로카드 관련 용어 모음집

덱
deck
타로카드 한 묶음을 말합니다. 정확히는 카드 덱이라는 명칭을 사용하지만, 간단히 덱이라고 부릅니다.

아르카나
Arcana
메이저/마이너로 구분되는 타로카드의 체계.

수트
Suit
완드(스태프), 컵, 소드, 펜타클(디스크, 코인) 등으로 나뉘며 각각 다른 원소를 상징한다.

코트 카드
Court Card
킹, 퀸, 나이트, 페이지로 구성되는 수트 카드.

핍 카드
Pip Card
마이너 아르카나에서 숫자가 붙은 카드(Ace, 2~10).

에이스
Ace
각 수트의 가장 첫 번째 카드.

해석자
질문에 따른 타로카드 배열을 해석하여 질문자에게 조언을 주는 사람. (리더Reader, 텔러Teller, 상담자, 술자)

질문자
해석자에게 질문하는 사람. (시커Seeker, 내담자)

스프레드
Spread
카드를 펼치는 형태. 여러 가지 종류가 존재한다. 대표적으로는 켈틱 크로스 스프레드가 있다.

셔플
Shuffle
카드를 섞는 행위.

모던 덱
Modern Deck
아서 에드워드 웨이트가 기존 타로카드의 순서와 도상을 재구성한 라이더-웨이트 덱의 구조를 따라가는 덱.

클래식 덱
Classic Deck
마르세유 덱의 구조를 따라가는 덱.

타로카드 약어 설명

타로카드 여러 장을 쓰는 스프레드를 설명할 때 빠르고 편하게 기록하고자, 아래와 같은 규칙을 적용해 약어로 표기하겠습니다. 3카드 스프레드까지는 약어로 표기하지 않겠지만, 켈틱 크로스 스프레드처럼 여러 장을 한꺼번에 설명할 때는 약어를 쓰겠습니다. 카드들을 한눈에 살피는 데 도움이 되실 것입니다.

메이저 아르카나 약어   역방향 (r) / 마르세유 (m)

0. THE FOOL.	→ 0
1. THE MAGICIAN.	→ 1
…	…
21. THE WORLD.	→ 21

마이너 아르카나 약어

Ace of Wands.	→ Aw	Ace of Cups.	→ Ac
2 of Wands	→ 2w	2 of Cups	→ 2c
…	…	…	…
10 of Wands	→ 10w	10 of Cups	→ 10c
Page of Wands.	→ Pw	Page of Cups.	→ Pc
Knight of Wands.	→ Nw	Knight of Cups.	→ Nc
Queen of Wands.	→ Qw	Queen of Cups.	→ Qc
King of Wands	→ Kw	King of Cups.	→ Kc

Ace of Swords.	→ As	Ace of Pentacles.	→ Ap
…	…	…	…
Page of Swords.	→ Ps	Page of Pentacles.	→ Pp
Knight of Swords.	→ Ns	Knight of Pentacles.	→ Np
Queen of Swords.	→ Qs	Queen of Pentacles	→ Qp
King of Swords.	→ Ks	King of Pentacles.	→ Kp

일러두기

1. 기독교 용어는 한국천주교주교회의에서 펴낸『성경』을 따랐습니다.

2. 인명, 지명, 작품명 등은 국립국어원 외래어표기법 규정을 따랐으나, 타로카드의
   용어나 상품명 등이 관례로 굳어진 경우는 예외로 두었습니다.

3. 이 책은 네이버 카페 타로 카드: 최종 결론의 초보자 가이드 게시판에 공개된 내용
   을 모아 수정 및 보완해 만들었습니다.

4. 타로카드 총서의 제목들은 다음과 같이 약칭합니다.
   『타로카드의 상징: 메이저 아르카나』→ 메이저 상징편
   『타로카드의 해석: 메이저 아르카나』→ 메이저 해석편
   『타로카드의 상징: 코트 카드』→ 코트 상징편
   『타로카드의 해석: 코트 카드』→ 코트 해석편
   『타로카드의 상징: 핍 카드』→ 핍 상징편
   『타로카드의 해석: 핍 카드』→ 핍 해석편

제1부

타로카드
기본 지식 쌓기

1. 점이란 무엇인가

점이란 인간의 미래를 훔쳐보려던 사람들이 만든 수단이었습니다.

과거엔 정치적 목적을 가진 종교 의식으로 곧잘 활용됐으며, 제정일치 시대에는 국가의 대소사를 결정할 때도 쓰였습니다. 그러면서 자연스럽게 점치는 장소도 신성시되기 시작했습니다(예: 소도, 신전 등).

그러나 현대에 과학이 발달하며 점에 대한 신격화는 퇴색했고, 점치는 기술 안에 있던 상담 기능도 심리학에 넘겨주게 됐습니다.

하지만 점의 고유 영역인 예언과 예지는 여전히 매력적이며 사람들에게 영감을 주기에, 오늘날까지도 여전히 사람들은 점을 통해 미래를 엿보려 끊임없이 노력하고 있습니다.

어떤 이들은 단순히 미래를 엿보는 것을 넘어 점의 구조와 순리를 통찰하고 이를 통해 자신의 성찰을 이룩하며, 나아가 세상의 흐름을 이해하고 관조하기도 합니다. 또한 점을 이루는 요소에서 거시적이고 통계적인 부분을 과학적으로 체계화하려 노력한 끝에 과학의 분야로 분화해 나간 학문도 있습니다. 그렇게 점은 점으로 남고, 과학은 과학으로 다른 길을 걸어 발전했습니다(예: 점성술과 천문학).

결국 점이란 인류가 알 수 없는 미래에 대한 두려움에서 벗어나 앞날을 예측하고 대비하려 한 방법들입니다. 이는 역사에 표면적으로 드러난 것보다 훨씬 많은 영향을 끼쳐왔고, 아직까지도 사람들의 무의식 속에 남아 있습니다.

2. 운명학과 점학

운명학은 특정 데이터베이스로 사람의 정보를 역산曆算하고, 이로써 앞날이 어떻게 될지 해석하는 학문입니다. 동서양의 공인으로 유명한 것을 들자면 사주명리학과 점성술이 있고, 그 기반은 각각 도가의 음양오행설/연금술과 천문학에 이론적 기반을 둡니다. 흔히 점을 볼 때 생년월일시를 묻는 역학은 전부 이 범주 안에 있다고 볼 수 있습니다.

　저는 운명학을 설명할 때 망원경으로 즐겨 비유합니다. 망원경의 특성처럼 멀리 볼 수 있고 끝을 알 수 있다는 점에서 상당히 정확하지만, 특정 기로의 선택이나 자세한 내막을 알아내는 방법에서는 비효율적이라는 것을 단점으로 꼽을 수 있기 때문입니다. 물론 단점에 해당하는 사항을 알아내는 것도 아주 불가능하지는 않습니다.

점학은 무작위의 확률로 사람이 인지하기 어려울 만큼 무수한 경우의 수에서 하나의 결과를 끌어내고, 그러한 최종 결론에 필연성을 부여함으로써 현 상황에서 어떤 현상이 일어날지 알아내는 학문입니다. 동양의 주역과 서양의 타로카드가 이 분야의 필두로 알려져 있습니다.

　점학은 모든 순간에 일어나는 일을 조감鳥監하면서, 그 일의 이정표의 방향을 제시해주며, 점을 보는 사람으로 하여금 최선의 선택을 하게끔 돕습니다. 운명학을 망원경에 빗댈 수 있다면, 점학은 현미경으로 비유할 수 있습니다. 세세히 볼 수 있고 그 순간에 가장 확실한 상황 판단을 도와준다는 점에서는 강력하지만, 심모원려深謀遠慮한 내용을 알아내는 데는 비효율적이기 때문입니다.

3. 점학 – 타로카드의 기동 원리

타로카드는 질문자가 질문하는 일을 분기점으로 인식합니다.

그리고 이 시점에서 무수한 갈림길이 생길 수 있는데, 대략 아래와 같은 조건들로 분류할 수 있습니다.

1. 점의 내용에 상관없이 원래 가려던 길을 고집
2. 점의 내용을 참고한 해석자의 조언을 듣고 다른 길을 선택
3. 스스로 예방을 시도해 해석자가 제시한 분기점을 없앰

이렇듯 갈림길에서 질문자는 선택의 순간에 다다릅니다.

타로카드는 이 분기점에서 카드에 그려진 그림을 바탕으로 미래를 풀이합니다. 그렇기에, 얼마나 먼 미래까지 내다보는지 정한다기보다 순간순간의 사건을 놓고 판단하며, 하루 이틀이든 10년 20년이든 상관없이 상황 자체를 묘사함으로써 자연스럽게 그 시기를 파악할 수 있도록 돕습니다.

물론, 판단 근거는 주제에 따라 천차만별입니다.

예를 들어, '새로운 유행이 언제 올까?'를 질문했다면 타로카드는 이러저러한 상황 뒤에 새로운 유행이 오리라는 식으로 표현하며, 다양한 연계 해석을 거쳐 이 상황이 오는 시기가 언제쯤이라 포착하고 이를 어떤 시점, 시기, 언제까지의 기한으로 묘사할 수 있습니다.

그렇기에 '점을 본다'라는 일이 분기점이 되고, 그 시점에서 어떤 상황, 어떤 행동을 취하느냐에 따라 상황을 미연에 방지하거나 더 빠르게 다가오도록 만들 수 있는지 파악해낼 수 있게 됩니다. 특히, 이 상황에 변수로 작용할 사람이 누구인지, 또는 질문자가 원하는 방향에서 이탈할 위험이 있는지 등, 분기점에서 자신의 선택으로 생겨날 수많은 현상을 피드백을 통해 보완하고 새로 조언함으로써 더 나은 방향으로 개선할 수 있다는 게 점의 가장 큰 매력입니다.

그러면 타로카드는 어떻게 점으로 기능할까요? 타로카드가 점으로 기능하는 데 필요한 것은 다음과 같습니다.

1. 카드
2. 배열
3. 키워드
4. 연계

넷 모두 만족하는 답이 해석이라는 결과물입니다.

그렇다 보니 위에 쓴 조건을 완벽히 충족하려면 먼저 학습해야 합니다. 더 나아가 정확한 해석을 원한다면 많은 시간을 들여 공부해야만 만족스럽게 해석할 수 있습니다.

이렇게 공부하는 시간을 줄이려고 만든 게 매뉴얼에 있는 키워드입니다. 타로카드 가운데서 특정 주제를 바탕으로 만든 카드가 있는 것도 매뉴얼 덕분입니다. 예를 들어 특정 덱이 암시하는 상징이 있다면 이는 해당 내용을 아는 사람에게 타로카드에 쉽게 적응하도록 도와주는 역할을 하기 때문입니다.

다만 타로카드의 기원이 불분명하기에 절대 기준이 없다는 점은 아쉽습니다. 이는 타로카드의 이론적 기준을 정립하기 어렵게 만듭니다.

그러나 역설적으로 그만큼 개방적이기에 늘 새로운 주장이 등장하고 반증하는 과정을 거쳐 이론이 하나씩 쌓이면서 표준이 생겨나기도 합니다.

다시 말해, 특정 기준이 없다는 것은 무엇이든 기준이 될 수 있다는 뜻이기도 합니다. 이론 체계만 완결성 있게 구성한다면 어떤 장르로도 덱을 만들 수 있으며 그만큼 사용자를 배려해가며 표현할 수 있습니다(심지어 직장 생활을 주제로 한 타로카드 덱도 있을 정도입니다).

4. 타로카드의 기원설

타로카드의 기원은 밝히기 어렵습니다. 확실한 유물이나 기록이 새로 발견되지 않는 한 그 어떤 기원설도 설득력을 얻기 어렵습니다.

기원설에 대한 소개나 이런저런 이야기들은 여러 타로카드 관련 책이나 웹사이트에서 쉽게 확인할 수 있으니 굳이 장황하게 설명을 늘어놓지 않겠습니다.

아래 내용만 기억하시면 됩니다.

1. 역사학적으로 검증된 사료에서 처음 타로카드가 등장한 것은 르네상스 시기 이탈리아 귀족의 주문 내역서 및 프랑스의 왕 샤를 6세의 타로카드다.
2. 모든 기원설은 '가설'에 지나지 않는다. 가설을 지지하려고 내놓은 자료는 전부 위조 또는 거짓으로 판명됐으며, 사료 또한 위서였다. 쉽게 말해 유사역사학에 속하는 이야기들이다.
3. 그렇기에 어떤 기원설을 신봉하며 사람들을 선동하거나, 정통성을 주장하는 사람이 있다면 그를 믿어서는 안 된다.

이 점만 기억하면, 더는 기원설에 궁금증이 생기지 않을 것입니다.

당장은 역사학적으로 타로카드의 기원을 규명하는 작업이 선행돼야 할 것이며, 역사가들이 이를 밝히려 꾸준히 연구하고 있습니다.

그것만 잊지 않으시면 됩니다.

유사역사학은 역사 왜곡에 일조하는 가짜 학문입니다.

5. 타로카드의 역사

앞서 이야기했듯이, 타로카드가 실제 역사에 등장한 시기는 15세기 중엽 이탈리아입니다. 어느 귀족의 주문 내역서에 수제로 제작한 덱을 축하 선물 또는 유희용으로 구매했던 기록이 최초로 알려져 있죠. 다시 말해, 저잣거리에서 유행하던 게임을 귀족이 즐기려 고급품으로 제작했거나, 그 역의 경우였으리라고 추측할 수 있습니다.

그렇다면 단순히 유흥에 지나지 않았던 타로카드가 어떻게 점의 의미를 갖게 됐을까요?

꽤 예전부터 설득력 있다고 여겼던 가설 하나는 타로카드가 연금술사들과 관련 있다는 설입니다. 이는 초기 타로카드 덱들에 연금술사들의 비유법과 상징이 삽입됐기 때문이며, 실제로 지금까지 인기를 누리는 마르세유 덱에서 이를 확인할 수 있습니다. 마르세유 덱은 단순한 상징 배치뿐만 아니라 색채 배치도 연금술 상징을 차용함으로써 의미를 더욱 강화했습니다.

그러나 이 가설은 근거가 약한 부분이 있습니다. 카드 그림에 어떻게 연금술 상징이 들어가기 전부터 특정 의미를 확정적으로 가지기 시작했는지는 여전히 알 수 없다는 점입니다.

이 부족한 근거는 중세 귀족 사회에서 내려오던 놀이용 카드에서 찾아볼 수 있습니다. '플레잉 카드Playing Cards'는 아직도 영국에 현존하며, 각 귀족가의 역사를 학습시키는 방법으로 쓰였습니다. 이것은 타로카드와 매우 흡사한 이야기 구조를 지닌 그림들로 하나의 서사(보통 귀족가의 조상들에 대한 이야기)를 구성해 가문의 역사를 가르치는 도구였습니다. 저는 적어도 코트 카드 16장만큼은 플레잉 카드에 영향을 받았다고 확신합니다.

물론 이 주장에도 확실한 사료적 근거는 없습니다만, 적어도 비스콘티-스포르자의 덱과 가장 최근에 발견된 샤를 6세의 덱이 그 표현과 의미하는 바에서 큰 차이를 보인다는 점에 주목해보면 이러한 추론을 해볼 수 있습니다. 특히 샤를 6세의 덱을 통해 보건대, 초기의 타로카드에는 점술적 의미보다 위에서 설명한 자신과 선조의 전공 기록 및 그에 대한 찬미가 더 깊이 녹아 있었다고 봅니다. 이렇듯 덱의 경향성이 혼재된 상황은 적어도 마르세유 덱의 등장 이전까지 이어졌으리라 추측합니다.

그 뒤에, 78장이 온전히 남아 있는 최초의 덱인 마르세유 덱이 타로카드의 역사에서 거대한 초석과도 같은 위상을 지닙니다. 이 덱이 처음 제작됐으리라 추정하는 14~15세기부터 현대에 이르기까지 마르세유 덱은 변함없이 쓰이며 **클래식 타로**라는 장르를 굳게 지키고 있습니다.

그 뒤 앙투안 쿠르 드 제블랭Antoine Court de Gébelin은 이집트-히브리어의 알파벳과 메이저 아르카나 22장이 일대일 대응된다는 주장을 펼쳤으나, 이는 근거도 불분명할 뿐더러 그가 주장한 문자는 실제로 이집트 지방에선 쓰이지 않았다는 점에서 논리가 취약합니다. 그러나 진실 여부가 확인되지 않은 상황이었음에도 사람들은 이런 앙투안의 해석에 신비감을 느껴 그의 주장을 신봉하는 사람까지 생겨났고, 이미 유행하고 있던 타로카드는 본격적으로 점술 도구로 쓰이기 시작했습니다.

이런 흐름 속에서 현대까지 영향을 미치게 되는 타로카드가 출판됩니다. 곡물 판매상, 판화 거래업, 가발 제조업에 종사했다고 알려지는 장바티스트 알리에트Jean-Baptiste Alliete는 에틸라Etteilla(프랑스어 표기로 에테이아)라는 (그의 가명과 같은 이름의) 타로카드를 만들어 시판하기 시작했습니다. **에틸라 타로**는 최초로 정방향과 역방향을 구분하고 카드 의미의 해설과 함께 간단한 키워드를 제시했는데, 이 시도로 더 많은 사람이 타로카드에 쉽게 접근할 수 있게 됐습니다. 이에 더해, 당시 혁명기를 맞은 프랑스 정국의 영향으로 불안했던 사람들의 심리를 적절히 자극해 상업적으로 큰 성공을 거둡니다.

이 뒤를 이은 연구가는 엘리파스 레비Éliphas Lévi(본명 알퐁스 루이 콩스탕Alphonse Louis Constant)입니다. 그는 오컬트로 보이거나 관련지을 수 있는 것들을 전부 통합하고자 했고, 그 기반으로 채택한 내용은 위에 언급된 쿠르 드 제블랭의 주장과 같습니다.

그는 타로카드를 이해하려면 카발라는 반드시 숙지해야 한다고 주장했으며, 나아가 카발라와 타로카드의 뿌리가 같다는 주장까지 합니다.* 곧, 생명의 나무를 잇는 지혜의 길과 메이저 카드의 22장이 동일하며, 10개의 세피라는 마이너 카드의 10장과 동일하다 생각한 것입니다. 그러나 카발라와 관련한 주장은 비교적 근래에 이르러 이야기되는 기독교 카발라 계파의 이론과 통하는 점이 있을 뿐, 정통적인 카발라 연구의 관점에선 한참 벗어나는 이야기입니다.

이런 주장은 그 뒤에 헤르메스주의 카발라 계파에서 적극적으로 받아들이며 구체화하는 과정을 거쳐 점성술까지 끌어들이면서 카드의 진정한 장점이 적지 않게 매몰되는 결과를 불러와 아쉬움을 남깁니다.

그 뒤로 19세기 후반에서 20세기 초반 사이에 활동한 황금새벽회 Hermetic Order of the Golden Dawn는 두 개의 덱으로 엄청난 반향을 일으킵니다. 이 단체에서 활동한 저명인사로 맥그리거 매서스Macgregor Mathers, 윌리엄 버틀러 예이츠William Butler Yeats, 아서 에드워드 웨이트Auther Edward Waite, 알리스터 크롤리Aleister Crowley, 모드 곤Maud Gonne 등이 있으며, 이들은 여러 갈래로 퍼져 있던 지식을 최대한 응집해 구조적·이론적으로 최상의 완성도를 구현한 라이더-웨이트 Rider-Waite 덱과 토트Thoth 덱을 완성합니다. 특히 **라이더-웨이트 덱**은 명확한 목적을 세우고 정교한 이론 체계에 따라 제작한 최초의 덱이며, 실존 인물들이 제작했음을 확인할 수 있다는 점에서 큰 의의를 지닙니다. 또한 이들 덱에서 마이너 카드에 직접적인 묘사를 삽입하면서 다양한 주제를 실제 카드 속에 구현할 수 있게 됐습니다.

이 시대를 마지막으로 장식한 사람은 바로 '인류 최후의 흑마법사', '광기로 가득 찬 미치광이'로 불렸던 알리스터 크롤리입니다.

알리스터 크롤리는 타로카드보다는 오컬트 및 마학魔學에서 아주 유명한 흑마술의 아이콘이나 다름없는 인물로, 기존 마학의 원리와 상당히 다른 주장을 했던 사람입니다. 특히 그가 내세웠던 "네 멋대로 하라, 그것이 곧 진리이다."라는 표어는 기존 마학의 "타인에게

---

* 『초월 마법 교의Dogme et Rituel de la Haute Magie』, 1854-1856

피해를 주지 않는다는 전제하에 네 멋대로 하라. 그것이 곧 진리이다."라는 구절과 완벽히 대치되는 도덕률을 보여주었습니다.

그는 황금새벽회가 분열되는 상황에서 자신의 목소리를 높이기 시작하며, **토트 덱**(당시 이름은 이집션Egyptian 타로)을 출판했습니다. 이 덱은 라이더-웨이트 덱에서 밝혀지지 않은 것들을 알려준다는 과장 홍보 때문에 황금새벽회원들에게 비난을 샀는데, 오히려 그러한 상황이 그의 유명세를 키우는 결과를 빚었습니다.

그러나 토트 덱의 상징 배치는 뛰어나며 기존 라이더-웨이트 덱에서 분명 다루었으나 의도적으로 누락한 부분(특히 숫자, 히브리어와 연계를 통한 상징 구도)을 드러냈다거나 기존 생명의 나무와 타로카드의 대응을 변경한 점, 새로운 시도를 많이 했다는 점은 충분히 평가받아야 합니다.

지금까지 타로카드의 역사를 살펴보았습니다. 확실한 것은, 타로카드가 갑작스레 나타나서 사람들의 착각 속에 유행했으며, 그 착각이 진실이 되어 지금은 아주 유용하게 쓰이는 점의 도구로 자리 잡았다는 사실입니다. 지금까지 나온 기원설은 모두 반증 자료 없는 개인의 주장일 뿐입니다.

결국 20세기에 출시된 덱들은 크게 마르세유—토트—라이더-웨이트 덱의 세 갈래에서 벗어나지 않는다고 할 정도로 정형화돼가며, 그러면서도 차츰 색다른 시도로 변화와 발전을 모색하는 덱이 종종 만들어지곤 했습니다. 또한 1960년대 히피 문화를 향유했던 사람 가운데 오컬트·뉴에이지 문화를 받아들인 이들은 (타로카드가 아닌) 오라클Oracle 카드를 만들어 갈라지기도 했죠.

변화의 첫걸음은 다양한 장르를 활용해 타로카드를 만들어내는 시도로 시작됐습니다. 대표적인 덱을 꼽자면 중국 또는 일본풍(우키요에浮世絵)의 그림을 도입한 타로카드나 아르 누보Art Nouveau 양식의 타로카드 등 문화에 따른 구분을 통해 별개의 주제를 가진 덱이 있으며, 옛적부터 내려오던 신화나 전설을 재해석한 덱도 있습니다.

본격적인 변화는 특정 주제를 카드 안에서 더욱 치밀하게 표현한 덱이 등장하며 일어났습니다. 반지의 제왕Lord of the Rings 덱이나 아서왕의 전설Legend of Arthur 덱처럼 소설이나 전설을 대입한 경우도 있으며, 나아가 위카Wicca와 접목된 로빈 우드Robin Wood 덱 등이 제작됩니다. 특정 사상가의 언행이나 가르침을 토대로 한 오쇼 젠Osho Zen 같은 덱도 나타나며, 정통 오컬트를 토대로 재편성한 모건 그리어Morgan Greer 덱 같은 경우도 생겨날 정도로 다양한 주제를 다루며 발전하게 됩니다.

현대로 들어오면서 미술적인 부분이 주가 되는 덱도 꾸준히 제작되는데, 많은 그래픽 디자이너나 일러스트레이터가 자신의 스타일로 타로카드 제작을 시도했으며 지금도 다양한 시도가 이루어지는 있습니다. 실제로 여러 덱이 출판됐으며, 그 가운데서는 3D 열풍을 반영해 실사가 도입된 세이크리드 서클Sacred Circle, 젬스톤Gemstone 같은 덱도 있고, 기하학적인 문양을 도입한 아드리안Adrian 덱도 많은 인기를 끌고 있습니다.

6. 타로카드에 영향을 끼친 학문들

덱마다 영향받은 학문적 배경이 다르기에 덱의 구성이나 그림, 상징 배치도 달라집니다. 이를 잘 보여주는 것이 바로 모던 덱의 시초인 라이더-웨이트 덱의 여사제2. THE HIGH PRIESTESS.와 교황5. THE HIEROPHANT. 카드입니다. 웨이트는 마르세유 덱과 달리 두 카드의 이름을 바꾸며 황금새벽회가 의도한 기독교적 카발라와 헤르메스주의 비학祕學의 의미를 부각하는 데 성공했고, 지금껏 카드 안의 상징으로 철옹성을 쌓아 올렸습니다. 이후 등장한 덱은 저자의 성향이나 관점, 주장에 따라 다른 분야의 다양한 지식을 포괄하게 됩니다.

　그렇다면, 그 완벽하다는 라이더-웨이트 덱의 지적 배경에는 무엇이 있을까요?

연금술 4원소설을 바탕으로 한 구조를 삽입했다는 점에서 두 덱이 같습니다. 다만 그 구성 요소와 세부 설정이 다르다는 데 차이가 있습니다. 그러나 둘 모두 컵 수트의 의미인 감정Emotion은 같습니다.

점성술 마르세유 덱에서는 점성술적 상징을 활용해 더 복잡한 방식을 구축했습니다. 이는 고전 점성술과 맥락이 닿아 있죠. 그와 달리 라이더-웨이트 덱에서는 단순히 상징의 의미만 지닙니다. 라이더-웨이트 덱에서 점성술 기호가 점성술의 기법적 의미와 연결된 경우는 전무하며, 있더라도 메이저 아르카나 22장 가운데 몇 장에 간간히 등장할 정도에 지나지 않습니다.

　물론 점성술적 배치를 강화시킨 덱도 존재합니다. 이를 가장 극명하게 보여주는 것이 바로 알리스터 크롤리가 만든 토트 덱의 마이너 카드들이죠.

오컬트(마학) 두 덱 모두 차용하는 오컬트 전통이 있습니다. 라이더-웨이트 덱은 황금새벽회의 의식 및 사상과 밀접한 연관이 있습니다. 애당초 헤르메스주의 계열의 단체임을 누구이 주장했으니까요.

수비학 두 덱 모두에서 차용하며, 지금까지 타로카드를 구성하는 구조 자체를 표현한다고 해도 과장이 아닐 만큼 범용성 높게 이용됩니다. 마이너 카드는 수비학의 영향에서 절대 벗어날 수 없으며, 지금 만들어지는 모든 덱에 숫자가 적혀 있는 한, 제작자들은 이 분야를 신경 쓰지 않을 수 없습니다.

거기에 더해, 수비학이라는 학문의 특성상 분야나 주제마다 다른 의미를 품는 경우가 많습니다. 쉬운 예로 서양의 4와 동양의 4는 의미가 많이 다르죠? 이렇듯 수비학 안에는 지식과 주제, 문화 등의 차이로 의미가 달라지는 내용이 많으니, 이 부분을 간과하면 해석에 큰 오류를 범할 수 있습니다.

기독교적 카발라 카발라는 본시 유대 비교秘敎의 한 축을 이루던 분야였습니다. 중세 이후 발생한 기독교적 카발라가 타로카드에 도입되는 데 완벽히 성공함으로써 타로카드는 본격적으로 놀이 문화에서 점의 영역에 다다르게 됐습니다.

기독교적 카발라의 영향을 강하게 받았으며, 이를 자신의 체계에서 완성한 라이더-웨이트 덱은 여기에 다른 헤르메스주의 비의까지 전부 접목해 다양한 방법으로 타로카드를 사용할 수 있죠. 라이더-웨이트 덱에 관한 주석서는 꾸준히 나오고 있으며, 앞으로도 타로카드 분야에 거대한 기둥으로 존재할 것입니다.

상징학 제임스 조지 프레이저의 『황금가지Golden Bough』를 비롯해 수많은 책에서 이야기하듯, 전 인류적 상징들의 의미를 분석하는 학문입니다. 다시 말해서 타로카드의 하위 개념이 아니라, 지금까지 언급한 수많은 지식을 하위로 두고 있는 거대한 학문이죠. 그렇기에 라이더-웨이트 덱/마르세유 덱이 상징에 대한 의미 변용이 없고 신비주의 전통에 바탕을 둔다고 주장해도, 결국 그 전통은 무슨 상징적 의미를 가지는가를 풀어내려 할 때 연구해야 할 학문입니다. 그렇기에 그림을 주 표현 방법으로 채택한 타로카드라는 매체를 이해하려면 반드시 상징학을 알아야 합니다.

다만, 근래에 예술 작품 개념의 덱들(우리나라에선 통칭 아트 덱)이 많아진 바람에 상징의 의미를 정확히 알고 배치하지 않은(그렇기에 키워드도 단순하거나 아예 어긋난) 덱이 많다는 점을 주의해야 합니다.

도상학 그림 자체의 상징 의미를 연구하는 학문입니다. 그림의 구도와 시선 처리까지 포괄합니다. 여기서 파생한 내용은 마르세유 덱/라이더-웨이트 덱을 굳이 나눌 것도 없이 양쪽의 그림에 모두 삽입돼 있고, 실제 키워드도 적용돼 있습니다.

분석심리학 덱이 제작되던 당시 카를 구스타프 융Carl Gustav Jung의 집단무의식 이론은 많은 반향을 가져왔습니다. 그의 연금술 연구는 원형상징Archetype*에 큰 영향을 끼쳤고, 이를 통해 발전한 다양한 내용 가운데 심리학적 분석은 라이더-웨이트 덱의 구성에 분명 영향을 끼쳤습니다. 상징학과 더불어 분석심리학도 축적된 내용을 바탕으로 타로카드의 그림을 분석하고 이를 심리 상태로 묘사해 설명할 수 있다는 점에서(특히 마이너 카드에 그림이 등장하며) 도상-상징-심리학은 배워둬서 좋으면 좋았지 나쁠 것은 없습니다.

그 밖에도 덱의 주제나 사상, 문화적 특성에 따라 다양한 내용이 들어갑니다. 코놀리Connolly 덱은 다른 상징을 배우지 않고 오로지 기독교적 의미만으로 해석할 수 있으며, 아서리안Legend the Arthurian 덱은 아서왕 전설에 대한 지식만 있어도 해석할 수 있습니다. 이렇듯 다양한 시도가 있어왔기에 현대의 타로카드는 더욱 다채로운 모습으로 사람들에게 다가가고 있습니다.

---

* 카를 구스타프 융이 제창한 개념으로, 집단 무의식을 공유하는 모두에게 각인된 공통적인 요소들을 포함하는 상징들을 의미합니다. 이 개념에서 가장 널리 알려진 요소로는 남성 속의 여성성인 아니마anima와 여성 속의 남성성인 아니무스animus가 있습니다. 이런 개념은 어떤 인격에만 국한한 것이 아니라 사물이나 자연과도 연계될 수 있습니다. 예를 들어 비옥한 땅은 풍요를 생산해내며 이를 구성원에게 내리는 어머니를 상징합니다.
카를 구스타프 융,『원형과 무의식』, 솔, 2002.

제2부

타로카드
바로 알고 바로 쓰기

7. 타로카드의 구성

타로카드는 기본적으로 **메이저 아르카나**Major Arcana와 **마이너 아르카나**Minor Arcana로 나뉘어 있습니다. 메이저 카드, 마이너 카드라고 부르기도 합니다.

　마이너 카드는 다시 숫자 카드인 **핍**Pip(에이스Ace~10)과 궁정 카드인 **코트**Court 카드(시종Page, 기사Knight, 여왕Queen, 왕King 또는 공주Princess, 왕자Prince, 여왕Queen, 기사Knight)로 나뉩니다.

1. 메이저Major 아르카나
메이저 아르카나는 22장으로 구성돼 있는 것이 일반적입니다. 간혹 여기에서 1~3장 정도를 더 추가한 덱들이 있습니다. (오쇼 젠, 토트 덱 등) 이런 덱은 제작자의 의도를 파악하고서 사용하시는 편이 좋습니다.

　메이저 아르카나는 인생에서 반드시 맞닥뜨리는 과정들을 다루며, 그만큼 거대하고 많은 키워드를 담고 있습니다. 그렇기에 주제가 명확하지 않으면 해석하기 어렵습니다.

　물론 처음 접할 때 그 이미지의 강렬함과 각 카드의 이름 덕분에 간단한 키워드를 알아보긴 쉽습니다만, 공부하면 할수록 어려움을 겪게 됩니다.

　메이저 아르카나는 피할 수 없는 흐름과도 같은 영향력을 끼치기 때문에, 배열에 드러났을 때 어떤 경향이나 인물, 분야로 해석된다면 이를 인위적으로 바꾸거나 강제로 교체하기 매우 어렵다는 점을 뜻합니다. 오히려 질문자에게 이 흐름 또는 상황에 어떻게 적응하거나 어르고 달래 문제를 해결할 수 있는지 고민하도록 해석자가 권해야 합니다. 물론, 질문자 자신이 움직일 수 있는 역량이나 흐름이 있다면 이를 이용해 다양한 조언을 취할 수 있다는 장점도 있습니다.

　이와 관련한 본격적인 이야기는 메이저 상징편/해석편에서 다루고 있습니다.

2. 마이너Minor 아르카나

마이너 아르카나는 56장으로 구성돼 있습니다. 메이저 아르카나보다 더 수수하거나 소소한 일들을 다루며, 메이저 아르카나보다 인지도가 적어 다루기 어려워하는 분들이 많으나, 다루면 다룰수록 오히려 메이저 아르카나보다 해석하기 쉬운 점이 많습니다. 그림에서 드러나는 행동 자체로도 의미를 뽑아서 쓸 수 있으니까요.

마이너 아르카나에는 **수트**Suit라는 개념이 있는데, 그것이 바로 완드Wand, 소드Sword, 컵Cup, 펜타클Pentacle입니다. 각 수트별로 핍 카드 10장, 코트 카드 4장을 합쳐 핍 카드 40장과 코트 카드 16장으로 이루어져 있으며, 코트 카드는 더 나아가 어떤 상황이나 성격을 표현하는 방식으로 쓰일 수 있습니다.

2-1 코트 카드

궁정 카드라고도 부르는 코트 카드는 계급에 따른 역할론이나 성향을 네 가지로 구분해 각 분야에서 신입-실무-관리-책임의 네 단계를 묘사하고 있는 카드입니다.

이는 실제 해석에서 질문자 및 질문에 관계된 인물들의 성향이나 현실적인 역량/능력/기반들을 더 세밀하게 묘사하고 이에 따른 비교를 통해 해석의 세밀함을 높이는 역할을 합니다.

다만 해석할 때 이런 요소들을 모두 적용해야만 하기 때문에 해석을 어렵게 만드는 주범이라는 악명 아닌 악명을 떨치는 카드들이기도 합니다.

이와 관련한 본격적인 이야기는 코트 상징편/해석편에서 다루고 있습니다.

2-2 핍 카드

Ace를 비롯해 2~10의 숫자로 이루어진 카드들입니다. 이 카드들은 각 분야의 흥망을 간략하게 묘사하며, 이를 통해 삶에서 쉽게 겪는 일상적인 문제들을 다루고 있습니다. 다만 메이저 아르카나와 달리 거대한 흐름이 아니며, 단순히 한순간에 국한하는 경향이 있습니다.

예외로 Ace 카드는 그 입지와 의미가 매우 중요하기에 숫자가 아닌 Ace로 다룹니다.

메이저 아르카나를 흐름Stream이라 비유한다면, 핍 카드는 어떤 순간scene이나 동작Action이라 비유할 수 있습니다.

이와 관련한 본격적인 이야기는 핍 상징편/해석편에서 다룰 예정입니다.

3. 공백 카드Blank Card

이 내용에 대해선 <u>9. 공백카드란?</u> 항목을 참고해주세요(물론 모든 덱이 이 체계를 그대로 따르지는 않습니다).

같은 78장이라도 코트 카드에 공주Princess, 왕자Prince, 여왕Queen, 왕King과 같이 다른 이름을 붙이거나, 완드를 배턴Baton이나 스태프Staff로, 펜타클을 코인Coin 등으로 부르기도 합니다(네 가지 모두 새로 정하기도 합니다). 또한 메이저 카드를 1~3장 추가하는 것과 같이 독자적인 체계를 만들어 사용하는 덱도 있습니다.

8. 타로카드로 점을 볼 때 78장을 다 써야만 하나?

네, 메이저 카드 22장과 마이너 카드 56장으로 구성된 타로카드의
의미를 온전히 구현하려면 78장 전부 써야 합니다. 왜 78장 뭉치 자
체를 **덱**Deck 이라고 따로 칭하는지 생각해보면 답은 쉽게 나옵니다
(트럼프에서 카드가 한 장이라도 사라지면 게임을 할 수 없는 것과 같은 이
치죠).

　메이저 카드나 마이너 카드만을 이용해 점을 보는 게 아예 불가능
하지는 않습니다. 다만 그에 따른 장단점이 너무 극명하게 드러나고,
단점이 더 크기에 78장 전부 이용하는 것을 추천하는 것이죠.

메이저 카드 22장만 사용할 경우

'점을 본다'는 행위 자체가 불가능하지는 않습니다. 다만 해석에서
메이저 카드 특유의 폭넓은 키워드 가운데 어떤 것을 뽑아내서 써야
할지 감을 잡기 힘든 경우가 많죠. 이는 메이저 카드가 인생을 살면
서 반드시 거칠 수밖에 없는 거대한 과정/주제들로 구성돼 있기에,
스프레드상에서도 큰 흐름을 읽는 정도로밖에 이해할 수 없기 때문
입니다. 그만큼 수많은 키워드가 담겨 있으며, 그 가운데 무엇을 뽑
아내서 써야 하는지 알 수 없는 상황이 쉽게 옵니다. 메이저 카드만
으로는 대충 '~할 것 같다' 식의 간단한 흐름 정도만 파악할 수 있는
경우가 대부분입니다.

마이너 카드 56장만 사용할 경우

사소한 질문이나 아주 세세한 질문이라면 마이너 카드만으로도 점
을 볼 수 있을 겁니다. 말 그대로 지엽적이고 아주 세밀한 질문을 정
확하게 했을 때 가능하다는 것이죠. 그러나 대국적이거나 큰 틀에서
돌아가는 상황을 파악하기는 불가능에 가깝습니다. 예를 들어 취업
의 합격 여부를 묻는 질문에서 합격 불합격은 알아볼 수 있을지언정
그 결과가 자기 자신에게 어떤 영향을 미치게 되는지, 그로 인해 자
신의 인생관이나 주변 상황들이 어떻게 변화하며 흐름이 어떤지를

알아볼 수 없다는 것입니다. 면접을 봐서 취업했더니 악덕 기업이라든가 하는 상황을 보지 못한 채 그저 취업 자체가 되느냐 마느냐만 알 수 있다는 말이죠. 마이너 카드만 쓰면 이처럼 대국적, 전략적 흐름을 읽어내는 데 큰 애로사항이 생길 수 있으니 주의해야 합니다.

9. 공백 카드란?

공백 카드는 사실 80장으로 장수를 맞추려고 카드 두 장을 추가한 데서 착안해, 그 두 장으로 무언가를 할 수 있지 않을까 하는 생각에서 탄생한 개념입니다. 원래는 분실한 카드를 대체하는 용도로 만들어졌으며, 그렇기에 카드 자체가 별 의미를 담지 않는 형태(회사 카탈로그 같은 것도 있습니다)로 표현됐습니다.

문제는 공백 카드에도 의미 부여를 하기 시작하면서부터 벌어졌습니다. 공백 카드의 이미지를 어떻게 처리할 것이냐는 논외로, 아예 공백 카드의 역할을 체계 안에 정해둔 것입니다. 점에서 공백 카드 사용을 주장한 사람들은 다음과 같은 방법을 제시합니다.

1. 알 수 없기에 표현되지 않는 것이다. 이 경우 해당 위치에 펼쳐진 공백 카드는 '해석 자체를 하지 않는다', '모른다'로 해석한다. 카드 자체를 읽어낼 수 없는 것으로 치부하고, 아예 해석에서 이 위치의 영향력을 배제하는 것으로 해석한다.
2. 이 이상 알 수 없기에 펼쳐서는 안 된다. 이 경우 해당 위치 이후의 카드는 펼치지 않고, 그 전에 펼쳐진 카드들만 해석한다. 그 뒤의 이야기는 말할 수 없으므로 펼치지 '못한다'. 만약 그 뒤의 이야기를 알려면 해석자만 이를 확인하되, 말하면 안 되는 금기도 있다.

색다른 시도였고, 재미있는 과정이었다고 봅니다. 하지만 제 경우 두 견해 다 받아들이고 실제 해석을 진행해봤지만 별다른 의미를 찾을 수 없었습니다.

1번의 경우, 해석에 큰 무리는 없습니다. 어차피 공백 카드가 나온 위치를 그만큼 그 주제에서 영향력이 없는 것으로 이해하고 해석하면 됩니다. 문제는 굳이 카드 차원에서 정보를 차단한들 뭘 더 얻느냐는 반문에 답을 할 수 없다는 겁니다. 실제로 연계 해석을 거듭하다 보면 카드의 의미가 실제 퇴색/강화되는 경우를 쉽게 볼 수 있고, 그것으로도 해석할 수 있는 경우가 다수를 차지합니다. 별 효용성이 없죠.

2번의 경우는 오컬트 요소를 다분히 포함합니다. 어떤 초월적 '의지' 자체가 앞을 바라볼 수 없게 만든 것이라는 식의 해설로, 이 뒤의 이야기를 언급하지 않습니다. 말은 이렇습니다만, 사실 제가 이 방식을 사용했을 땐 더 해석할 게 없어서 귀찮은데 잘됐다 싶은 경우가 더 많았습니다.

문제는 공백 카드를 쓰자고 주장하는 사람들 사이에 견해차가 있다는 점입니다. 이는 공백 카드를 사용하자는 의견이 나온 지 얼마 되지 않았고, 그만큼 체계적이지 않다는 것을 확인시켜주는 셈이죠. 실제로 공백 카드로 사용할 만한 카드가 추가된 덱은 르웰린Llewellyn 사가 제작한 로빈 우드 덱의 초판본*과 아서리안 덱뿐이었습니다.

아니나 다를까, 이 유행은 정말 잠깐의 유행으로 지나가게 됩니다. 체감상으로는 대충 2~3년(2002~2004년경) 정도 유행했던 것 같습니다. 요즘 출간되는 로빈 우드 덱에는 그런 공백 카드가 없습니다.

실제 타로카드 해석에 큰 반향이 있는 것도 아니고, 기존 78장을 익히기에도 벅찬 현실이다 보니 자연히 사라진 유행이지 싶습니다.

---

* 이 당시 이 덱의 공백 카드는 말 그대로 공백 그 자체, 백지였습니다. 그러나 지금 제 견해로는, 당시 르웰린사에서 따로 카탈로그를 작성할 만한 덱이 없었기에 공백이 아니었던가 하는 의구심이 있습니다. 로빈 우드 덱 출시 당시의 르웰린은 막 사업을 시작한 소규모 출판사였으니까요.

10. 카드를 사고 가장 먼저 해야 할 일

이 부분은 권장할 정도는 아니나, 학습이나 키워드를 찾는 과정(이하 키워딩)의 하나이기에 소개합니다. 처음 카드를 구입해서 포장을 풀고 섞고 쓰기에 앞서 해보실 재미있는 방법이 있습니다.

포장을 풀고 공백 카드와 표지 카드를 뺀 다음, 카드를 꺼낸 순서 그대로 펼쳐봅니다. 그리고 맨 처음 카드가 무엇인지 적어둡니다. 여기에서부터 제작자가 어떤 의도로 덱을 만들었는지 알 수 있습니다. 보통 다음과 같은 세 가지로 나뉩니다.

1. 특정 카드가 무조건 첫 번째로 등장할 경우
2. 랜덤인 경우(이는 다른 구매자와도 의견을 교환해볼 필요가 있습니다)

1번의 경우, 이 특정 카드는 제작사/제작자의 특정 의도에 따라 덱 구성을 완료한 것입니다. 라이더-웨이트 덱이 대표적인데, 이 덱은 큰 변화가 없는 한 무조건 1. THE MAGICIAN.이 첫 번째 카드입니다. 덱 제작자인 웨이트가 의도한 카드 배치를 통해 그들이 말하고자 한 구도를 살짝 엿볼 수 있습니다. 이 덱은, 웨이트의 의견을 존중하는 제작사라면 1. THE MAGICIAN.에서 Ace of Pentacles.로 마지막 장을 장식하게 됩니다(이 자체도 상당히 의미심장합니다).

마찬가지로 마르세유 덱을 비롯한 클래식 덱은 Ace of Cups.가 첫 번째 카드입니다. 이는 클래식 덱에서 이 카드의 키워드를 생각해보시면 왜 첫 번째 카드로 했는지를 알 수 있습니다. 마르세유 덱에서 Ace of Cups.의 주 키워드는 바로 '비밀'입니다. 곧, 여러분은 이 덱을 구매함으로써 비밀을 열어본다는 뜻으로 이해할 수 있습니다.

물론 실제 점을 볼 때마다 이런 내용을 깊이 있게 살피지는 않습니다. 다만 제작자의 의도를 엿볼 수 있는 장치로써, 카드 순서도 충분히 그 영향을 받는다는 것이죠. 숨어 있는 재미라고 이해해주셔도 될 것 같네요.

2번의 경우는 별 의도가 없다고 봐야 할 것입니다. 제작 판형에 따라 포장 비용이나 기타 내용들 때문에 원가 절감을 시도했거나 제작자 자신도 의미 부여를 하지 않은 것입니다. 대부분의 아트 덱들에서 이런 경향이 나타납니다.

11. 타로카드 관리법

1. 카드 보관 방법

보통 카드는 건조하고 서늘하며 빛이 닿지 않는 곳에 보관하는 것이 일반적입니다. 서늘한 것은 상황상 어쩔 수 없다면 모를까, 건조하고 빛이 닿지 않는 곳에 보관하는 것은 필수적인데, 이는 습기로 인해 카드가 휘는 것을 방지하고, 빛으로 인해 그림이 열화하는 것을 막기 위한 방법이죠.

보통 카드 전용 보관 상자 혹은 틴 케이스Tin Case에 넣거나, 스프레드 천에 감싸서, 또는 카드 주머니에 담아 보관하는 경우가 많습니다. 기본적으로 제공되는 종이 케이스를 이용하는 게 보편적이나, 내구도가 약하고 몇 번 사용하다 보면 금세 갈라지거나 찢어집니다. 그러다 보면 어느새 카드 주머니에 덱만 덩그러니 들어가 있게 되죠.

요약하면, 건조한 곳에 보관하며 가급적 먼지가 닿지 않도록 해주기만 하면 됩니다.

2. 카드 세척 방법

오래 사용하면 테두리에 손때가 묻어납니다. 카드를 깔끔하게 보관하려는 분들이 테두리에 묻은 손때 지우는 방법을 물어보셔서, 두 가지 방법을 소개하고자 합니다(단, 이 방법들은 카드를 상하게 할 수 있기 때문에 권장하지는 않습니다).

<u>지우개로 지우기</u> 지우개를 이용해 카드 앞뒷면의 테두리 부분을 지워주는 방법입니다. 이때 주의점은 지우개가 그림 부분에 닿지 않도록 하는 것이죠. 그림이 손상되는 것을 막기 위해 신경을 써야 합니다. 이렇게 78장 앞뒤를 다 지우개로 손질한 다음, 여러 장을 뭉쳐 각 테두리를 조심스럽게 비빕니다. 이 경우 힘이 좀 심하게 들어가게 되면 종이가 일어날 수 있으므로 주의해야 합니다. 이를 피하기 위해 한 장씩 하는 분들도 있는데, 이 방법도 결국 힘 조절이 안 되면 카드가 접힐 수 있습니다.

<u>물티슈/물수건으로 닦아내기</u> 이 경우 반드시 한 장씩 닦아야 하며, 습기를 빨리 없애주기 위해 마른 수건이 필요합니다. 한 장 한 장 귀퉁이를 닦아내면서 마른 수건으로 물기를 곧바로 제거하고 남아 있을 습기를 건조시켜야 합니다. 실패할 경우 카드가 퉁퉁 불어버리고 맙니다…….

12. 타로카드 섞는 법

사실 섞는 방법에 규칙은 없습니다. 예전엔 이런저런 방식을 정하는 경우가 있었지만, 엄밀히 말해서 정해도 그만, 정하지 않아도 그만입니다. 최근 들어 제가 가장 많이 들은 질문은 "왜 섞고 나서 멋지게 부채꼴 모양으로 펼치지 않느냐"라는 것이었습니다.

꼭 그렇게 해야 하는 것은 아닙니다. 그냥 바닥에 화투 섞듯이 섞든 트럼프 섞듯 시옷 모양으로 다리를 만들어 섞든 본인 취향대로 하면 됩니다(다만 후자의 경우 카드가 쉽게 상하므로 권하진 않습니다).

물론 섞는 방법을 정례화해서 엄밀히 지켜야만 점으로 인정하는 점술도 있습니다. 가장 유명한 것이 주역周易이죠. 이건 그 학문 내에서 그 나름의 이유가 규정됐기에 지켜야 하는 '절차'입니다. 러시안 집시 카드Russian Gypsy Fortune Telling Cards에도 이런 절차가 있죠.

카드 섞는 방법에 대해 라이더-웨이트 덱의 제작자는 왼손으로 뽑으라고 했지만,* 이는 어디까지나 제작자의 사상이나 믿음과 관련 있을 뿐, 무조건 따라야 하는 것이 아닙니다.**

또한, 질문자가 직접 섞거나 해석자가 혼자 섞는 것도 각각 그 나름의 이유가 있습니다. 그러나 이를 강요할 만한 근거가 없고, 의견 차이 수준에 머무르는 경우가 대부분입니다. 질문자가 직접 섞을 때는 아무래도 자신의 문제와 관련된 일일 테니 직접 섞는 것이 좋지 않은가 하는 견해가 다수이고, 반대로 해석자가 섞을 때는 현실적인 문제(특히 온라인상의 해석)를 들어 이렇든 저렇든 해석만 제대로 하면 된다는 견해가 다수를 차지할 뿐입니다.

그러나 타로카드는 그런 것이 없습니다. 아주 예전, 대충 100년 전 라이더-웨이트 덱이 처음 나온 시대에는 있었지만, 그런 것 없어도

---

* 『타로의 그림열쇠The Pictorial Key to the Tarot』의 Section 8. An Alternative Method of Reading the Tarot cards 참고.

** 이는 연금술에 영향을 받아 개진된 그들만의 새로운 의견으로 보는 것이 정확합니다. 더 자세히 이해하고 싶으시다면 코트 상징편의 '연금술에 대해'에서 숲과 성에 대해 설명한 부분을 참고해주세요.

점이 잘 나와서 퇴화해버린 경우라 할 수 있겠네요. 결국 카드 섞는 문제에 대한 담론은 점차 사라지게 됩니다.

다만 아직도 카드를 섞는 순간에 대해서는 견해차가 있으며, 이를 크게 세 가지 견해로 나눌 수 있습니다. 그러나 여기서 옳고 그름을 가릴 필요는 없습니다. 참고하실 수 있도록 언급해보자면 다음과 같습니다.

1. 아무런 생각도 하지 말고 무념의 상태로 뽑을 것

이 주장을 지지하는 분들은 명상을 중요시하며 청정한 환경에서 카드를 뽑아야 한다고 보고 있습니다. 실제로 타로카드는 오컬트적 관점에서 보았을 때 이런 목적으로 제작됐다고 할 수도 있습니다(라이더-웨이트 덱은 이런 부분에서 기가 막히게 명상/오라클링/오컬트/점의 효용을 모두 해냅니다).

장점이 있다면 뭐니 뭐니 해도 정신적인 스트레스를 가장 덜 받으며, 편한 길을 걸어 나가듯 점 보는 시야를 넓게 조정할 수 있다는 것이죠.

단점이 있다면 점을 해석하면서 내용을 쉽게 받아들이기 어려운 경우가 많다는 점입니다. 아무래도 이 무념-명상-오컬트의 관점상 때로는 주제와 관계 없는 듯한 이야기가 많이 나오며, 점을 볼 수 있는 환경도 크게 제한된다는 것은 단점이라고 볼 수 있습니다. 스마트폰만 있어도 각종 알람이 울리는 현대사회에서 청정한 상태를 구현하는 것은 어려우니까요.

2. 혼란 그 자체에서 뽑을 것

이 주장을 지지하는 분들의 경우, 일종의 트랜스Trance(무당의 접신과 같은 개념)가 될 만한 환경에서 카드를 뽑아야 한다고 보고 있습니다. 간단히 줄이자면, 샤머니즘의 영향을 받은 의견이라 볼 수 있죠.

장점이 있다면 '감이 극대화된 순간에 나온 점은 가장 정확하다'는 것입니다. 1번의 경우와 다르게 점의 깊이나 조언을 취하는 방식에서도 파격적인 내용이 나올 때가 많습니다.

단점이 있다면 너무 감에 충실한 나머지 카드 자체를 무시하는 경우가 많아 표준적인 해석 사례로 여기기 힘든 경우도 있으며, 치명적인 것은 자신이 본 점을 기억하지 못하는 경우가 빈번하다는 것입니다. 정신적인 스트레스에 겹쳐 육체적으로도 힘들 경우가 많죠. 또한 카드가 이런저런 이물질에 노출되는 경우가 많고, 관리가 잘 안 된다는 문제도 있습니다.

3. 주제에 대해 집중하며 생각하고 뽑을 것

이 주장을 지지하는 분들의 경우, 주제에 충실한 답을 얻으려면 당연히 의념意念을 모아 카드를 뽑아야 한다고 보고 있습니다. 뭐든 자기가 알고자 하는 것에 집중해야 한다는 관점이죠.

장점이 있다면 해당 주제에 대한 구체적인 내용을 쉽고 빠르게 얻어낼 수 있다는 점입니다. 해석자가 잘 모르는 주제에 대한 내용이라도 흐름이 명확하고 이해하기 쉽게 나오기 때문에 해석이 용이해집니다. 이는 점을 본 후 피드백을 검산하는 과정에서 흡수력을 높여주는 요소도 됩니다.

단점이 있다면, 사견에 빠지기 아주 좋은 상태가 된다는 점입니다. 예를 들어 주제에 충실한 답을 얻고자 하는 의념이 아니라 내가 듣고 싶어 하는, 또는 원하는 답을 얻고자 하는 의념을 모은다면? 말할 것도 없이 키워드를 인식하는 시야가 좁아지며, 동시에 자기 좋을 대로 키워드를 편취해 해석을 엉망진창으로 꼬아놓는 상황이 되기 딱 좋습니다.

저는 어떤 유형이냐고요? 저 세 가지 다 해봤고, 저 세 가지 유형을 다 마주쳐봤으니 이렇게 서술할 수 있는 거겠죠. 그리고 저리 써놓으니 첨예하게 달라 보여서 놀라신 분도 있을 듯해 미리 말씀드리지만, 서로 다른 관점을 취해도 만나서 싸우는 것은 본 적 없습니다. 편한 대로 하시라고 구분한 것일 뿐, 카드를 손에 잡은 시간이 길어질수록 저런 구분은 모호해지고 결국 셋의 장단점이 뒤섞여 이런 구분에 대한 생각조차 없이 편하게 잘 보게 되더라고요.

13. 타로카드 정화법?

정화淨化란 불순하거나 더러운 것을 깨끗하게 만드는 과정 및 행위를 말합니다.

타로카드의 정화란 타로카드를 많이 사용하거나 타인의 손길이 닿았을 때 이를 정화함으로써 자신에게 최대한 커스터마이즈한다는 명목으로 하는 것으로 알려져 있으나, 기실 이 부분은 타로카드를 사용하기 전에 자기 자신의 멘탈을 정화하기 위한 명상과 같은 방식으로 이용되기도 합니다. 다시 말해, 해서 나쁠 건 없으나 안 해도 무방한 종류의 것들에 속하며 당연히 타인에게 강요하는 행위는 삼가야 합니다.

정화법이라는 논리가 처음 들어온 것은, 예전에 룬 캐스팅Rune Casting을 위한 룬 우드/룬 스톤이 유통되기 시작하면서부터였습니다. 룬 캐스팅의 원리상 신과 인간의 영적 소통(채널링*/오라클)에 닿아 있기에 사용 후 타인의 기운에 침습당할 수 있었습니다. 따라서 자신이 소통해야 할 신과 원활하게 교신하려면 청소 작업이 필요했죠. 이를 타로카드에도 그대로 적용한 것입니다.

이처럼 시작은 아주 가벼운 수준의 오컬트를 마케팅에 가미해 판매한 것에서 비롯했습니다. 그런데 판매가 진행됐을 시점은 애석하게도 인격화 논쟁의 한복판에 있던 때였습니다. "덱을 씻어주지 않으면 카드가 삐지네요." 따위의 말이 오가던 시절이었죠. 나중엔 덱마다 정화법을 다르게 설명하긴 했는데, 어처구니없을 수준이었습

---

* 교령交靈, 강령降靈과 밀접한 관련이 있는 오컬트 용어로, 산 사람이 우주 안의 다른 어떤 존재, 가령 죽은 사람이나 신적 존재나 외계인이나 심지어는 동물과 영적으로 접촉하는 것을 말하죠. 이 과정을 진행하기 위해 무아지경, 황홀경에 준하는 트랜스 상태에 돌입해 다른 차원의 존재들과 접촉해 예언이나 다른 초자연적 행위들을 진행하는 것을 의미합니다.
다카히라 나루미 지음, 신은진 옮김, 『소환사』, 들녘, 2000.

니다. 문 가든은 자정부터 새벽 2시까지 달빛에 노출해줘야 한다는 말이 나돌았고, 캣츠 관련 덱은 고양이 집 지붕에다 올려놓으면 된다는 말도 있었으며, 양초에 타지 않고 꺼지지 않게 78장 하나하나를 살살 흔들어줘야 한다는 말도 있었고, 덱이 남자일 때는 여자 속옷을 씐다느니 하기도 했고요, 심지어 뱀파이어 덱은 피를 묻혀야 정화가 된다고 주장하던 이가 있었으며 이를 그대로 실행한 걸 자랑하는 글이 올라오곤 했습니다.

지금도 정화 방법은 각자가 하기 나름이라는 논리가 지배적입니다. 제가 추천하는 정화 방법은 카드 귀퉁이를 좀 깨끗하게 만들어주고, 카드를 순서대로 나열했다가 다시 섞는 정도입니다.

사실, 정화법이 나왔던 논리가 아주 틀린 것만은 아닙니다. 해석자 자신의 멘탈이 더러워지면 점이 제대로 나올 리가 없으며, 그러므로 다른 삿된 것에 정신이 침습되지 않으려면 정화해주어야 한다는 게 그들의 주장이었죠. 사람이 살면서 정신 오염에 대한 방지나 방어는 어느 정도 해야 하는 것도 맞습니다.

그러나 앞서 살펴본 정화'법' 같은 식으로 정형화될 수 없다는 점은 명백합니다. 누군가는 머리가 복잡할 때 수정을 올려두면 머리가 시원해지고 해석이 잘 될 수도 있습니다. 하지만 누군가는 술 한잔 걸치고 노래방에서 서너 시간 열창하면 해석이 잘 되는 경우도 있죠. 딱 그 정도입니다.

정화는 결국 자신의 마음가짐을 어떻게 청정하게 만드느냐에 초점이 있는 것이지, 어떤 도구를 사용해 무조건적으로 무언가를 '소비'해가며 해야 하는 것이 아님을 인지해야 건강한 정신 상태를 유지할 수 있습니다. 반대로, 이런 소비를 조장하거나 유혹하는 사람의 이면에 무엇이 있는지도 한 번 생각해봐야겠죠.

14. 타로카드의 종류

타로카드의 종류는 너무나도 다양합니다. 이를 간단하게 나누려는 시도들은 많았고, 지금은 크게 아래와 같이 분류할 수 있습니다. 미리 밝힙니다만, 이 분류는 표준이 아닙니다. 다만 국내 유저들은 이렇게 나눈다는 정도로 생각해주시고 글을 읽어주세요.

1. 클래식 이전의 타로
비스콘티-스포르자, 샤를 6세의 타로 덱 등이 이에 속합니다. 이 덱들은 타로카드의 초기 모습을 간직하고 있고, 타로카드의 역사적 관점으로도 그 가치가 퇴색되지 않을 것입니다.

장점으로는 골동품에 준하는 구성들이 될 것입니다. 각 덱은 모두 고유의 체계로 구성된 듯하며, 상징 배치나 순서도 전부 다릅니다. 이는 초기 타로카드가 어떻게 놀이용 문화에서 귀족에게까지 유입됐으며, 그 뒤로 어떻게 발전해왔는지에 대한 근거로서 가치와 영향력을 지닙니다.

단점으로는 이 카드들을 후대에 복원하면서 비교적 현대에 만들어진 라이더-웨이트 덱이나 마르세유 덱의 체계에 맞추었기에 구성 자체가 조금 억지스러운 감이 있다는 점입니다. 이는 결국 실제 카드 해석과 학습에 꽤 큰 악영향을 끼칩니다.

2. 클래식 타로: 마르세유 덱
마르세유 덱은 적어도 지금까지 발견된 타로카드를 통틀어 '점술' 목적으로 만들어진 최초의 덱으로 확인되고 있습니다. 클래식 이전의 타로카드들은 점술용인지 놀이용인지 아직 밝혀진 바가 없습니다. 그러나 마르세유 덱의 수많은 판본은 점을 목적으로 쓰였다는 근거가 많이 남아 있죠.

카발라의 삽입 여부까지는 확인하기 어려우나, 적어도 연금술의 의미가 강하게 들어 있다는 점은 확실합니다. 그렇기에 당시 연금술사들이 카드로 지식을 전달했다는 주장이 설득력을 지닙니다. 주요 덱으로 마르세유의 다양한 판본과 클래식 덱을 꼽습니다. 이 계열의 특징은 뭐니 뭐니 해도 진입 장벽이 높기로 유명한 마이너 카드죠.

3. 모던 타로: 라이더-웨이트 덱

황금새벽회의 아서 에드워드 웨이트가 제작한 이 덱은 타로카드의 역사에 획기적인 기념비를 남겼습니다. 마르세유가 전통의 보존에 그 의의를 둔다면, 라이더-웨이트 덱은 타로카드가 가질 수 있는 점술적인 부분들을 정교한 체계로 완성시켜 이 체계에 따라 이용할 수 있도록 한 덱입니다. 새로 출시되는 모든 덱들이 마르세유 덱의 의견을 따랐느냐 라이더-웨이트 덱의 의견을 따랐느냐에 따라 구분이 나뉘고 있는 현 상황을 보아도 능히 그 영향력을 짐작할 만하며, 앞으로도 이 덱의 영향은 계속 이어지게 될 것입니다.

　최근에 출판된 덱들은 대부분 이 덱의 영향을 받았습니다. 뉴 팔라디니, 핸슨 로버츠, 모건 그리어, 아쿠아리안, 오쇼 젠, 아서리안 등 많은 덱들이 이 카드의 체계 안에서 자신이 담고자 하는 바를 녹여냈습니다. 이 계열은 간단히 구분하자면 마이너 카드에 상황이 제대로 그려져 있는지만 보면 될 정도입니다. 다만 요새는 아트 덱의 범람으로 인해 구분이 필요하게 됐죠.

4. 미술Artwork 타로

많은 일러스트레이터들이 자신의 포트폴리오를 겸할 목적으로 만들었다고 볼 수 있는 덱들입니다. 이 덱들의 특징은 다음과 같습니다.

　　1. 그림이 미려하다
　　2. 덱의 주제에 일관성이 결여돼 있다
　　3. 때때로 타로카드 상징 규칙을 멋대로 편집한다

　이에 대해선 다음 장을 읽어보세요. 주요 덱으로 요새 인기 있던 새도스케이프스Shadowscapes, 아르 누보Art Nouveau, 오리진Origin, 크로우Crow, 비전 퀘스트Vision Quest, 아케인Arcane 등이 있습니다.

5. 오라클

엄밀히 말하면 타로카드가 아닙니다. 오라클링Oracling은 본시 채널러(=접신 가능자)들의 영역이나, 이를 평범한 사람들도 쉽게 이용할 수 있도록 체계를 잡아서 제작한 것이죠.

현재로선 그 이용법에 있어 표준점을 제시하지 못하며, 설사 표준점을 제시한다 해도 의식이나 점을 보는 행위에 대한 방식 정도만이 굳혀져 내려오고 있다고 봐야 할 것입니다.

형태가 비슷하더라도 작동 원리가 다르기에 타로카드와는 혼용할 수 없으며, 혼용하더라도 각각의 체계를 존중해 사용해야 하는 번거로움이 있기에 권하지 않습니다.

15. 아트Art 덱과 포춘텔링Fortune-telling 덱의 차이

타로카드를 '스프레드' 목적으로 개량한 사람은 17세기 카발라주의
자들입니다. 마르세유 덱을 만든 사람들이죠. 이들은 카발라 체계를
바탕으로 메이저 카드를 구성하고 기존의 트럼프 점에 사용하는 방
식을 마이너 카드에 접목해 점술의 목적으로 사용했습니다. 마이너
카드에 그림이 없는 까닭은 트럼프 전통과 타로의 전통이 아직 분리
되지 않았기 때문입니다. 원초적이라고 할 수 있죠. 그래서 구조가
훨씬 단순하고 간결합니다. 방법만 알면 마르세유 덱은 쉽게 배워 사
용할 수 있습니다.

그런데, 스프레드를 깔고 해석하려면 키워드가 있어야 합니다. 키
워드는 매뉴얼에만 있을까요? 키워드는 사실 여러분이 셔플하는 카
드의 그림 안에 다 들어 있습니다. 아서 에드워드 웨이트가 괜히 『타
로의 그림열쇠』라는 이름으로 책을 낸 게 아닙니다. 특정한 목적을
가진 그림에는 그 나름의 방식으로 의미와 메시지가 들어간다는 개
념은 미술에서 자주 등장합니다. 이를 도상학 또는 엠블럼emblem이
라고 부르기도 합니다. 타로카드는 기본적으로 도상학과 엠블럼의
기본을 모두 가져갑니다.

따라서, 타로카드 한 장 한 장의 그림에는 매뉴얼에서 지시되는 키
워드가 "모두 그림으로 표현돼 있어야 합니다." 여기서 "모두"라는
말을 쓰긴 했지만, 사실 바른 말은 아닙니다. 타로카드의 그림은 매
뉴얼에 있는 것보다 훨씬 많은 키워드를 가지고 있습니다. 간혹 카드
를 펼치고 "이번에 수시 지원하셨죠? 복수지원이라면 어려우실 것
같은데요." 같은 해석이 나올 수 있는 이유는 "수시"와 "복수지원"이
라는 키워드도 사실 타로카드에 다 들어 있기 때문입니다. 카드에서
상황에 따라 각 그림 안에 들어 있는 그림, 요소의 키워드를 뽑아서
해석하는 게 타로카드 해석의 기본 원리입니다.

말이 조금 새긴 했는데, 쉽게 말하면 키워드가 모두 카드에 그림으
로 표현돼 있어야 한다는 것입니다. 이것이 정확하게 지켜지는 덱은

많지 않지만, 우리가 사용하는 덱의 90퍼센트 이상은 기본적인 타로카드의 뼈대가 되는 키워드를 모두 준수하면서 만들어집니다.

위에 말씀드린 '그림으로 담겨지는 키워드'가 정밀하고 잘 짜여 있을수록 카드가 담을 수 있는 키워드는 세밀하게, 기하급수적으로 늘어나게 됩니다. 곧, 배열을 펼친 다음에 더 쉽게, 더 정확하게, 더 편하게 해석할 수 있다는 장점이 있습니다.

테마 덱이라는 말은 '각 테마(주제)를 중심으로 타로카드를 구성한' 덱이라는 말입니다. 사용자에 따라서는 점의 성격에 따라 덱을 바꿔 쓰시는 분도 있습니다. 예를 들면 기독교 신자의 신앙 생활 또는 종교 생활 관련 점을 칠 때는 코놀리 덱이 효과적이며, 여성의 내밀한 이야기를 점으로 볼 때는 시크릿Secret 덱이나 로빈우드 덱이 정확한 결과를 얻기 쉽습니다.

다시 말해, **포춘텔링 덱**은 타로카드의 키워드를 담는다는 명제를 최우선 순위로 두고 짜인 덱을 말합니다. 따라서 그 가치는 실제 '스프레드를 펼쳤을 때' 드러납니다. 아주 좋은 덱의 경우는, 처음 접하는 덱으로 기존에 없었던 키워드까지 찾아낼 수 있을 정도로 훌륭합니다(예: 후디스Hudes, 로빈우드, 할로윈).

자, 그럼 **아트 덱**이란 무어냐면……

타로카드의 제1명제를 '스프레드를 통한 해석'에 두는 것이 아니라 '작가의 특정한 목적'으로 두고 있는 덱입니다. 상당수는 아티스트의 일러스트레이션을 보여주는 데 목적을 두고 만듭니다. 그림의 아름다움이나 타로카드를 통한 화가의 독자적 작품 세계를 펼쳐 보이는 덱이 대부분 아트 덱에 속합니다. 뱀파이어Vampire 덱, 크리스털Crystal 덱, 페이Fey 덱, 머메이드Mermaid 덱이 여기에 속합니다.

좀 특이하게도 알리스터 크롤리처럼 '마법의 목적'으로 타로를 만드는 경우도 있습니다. 이것도 일종의 아트 덱으로 볼 수 있습니다. (아트라는 말 자체가 마법과 어원이 같습니다.) 그리고 그 점에서 라이더-웨이트 덱도 아트 덱이면서 동시에 포춘텔링 덱의 임무를 모두 수행하죠.

'타로카드에는 뼈대가 되는 키워드 체계'가 있다는 점에서 오라클과 가장 큰 차이를 보이는데, 아트 덱은 최소한의 키워드만 지키면서 작가의 창작력을 발휘합니다. 타로카드를 작가의 '시선'으로 그려나간다는 매력이 있습니다.

하지만, 이 덱은 애초에 '창작'에 목적을 둔 덱이므로 스프레드를 깔기에는 적합하지 않습니다. 카드의 그림에서 읽어낼 수 있는 키워드가 빈약하거든요. "대학에 붙기 힘들겠습니다."라는 대답과 "이번에 외국어 영역, 특히 듣기 평가에서 고전하겠네요."라는 대답 가운데 어떤 게 더 도움이 되는 해석인지는 물어볼 필요가 없겠죠.

아트 덱과 포춘텔링 덱의 차이는 바로 여기에 있습니다.

16. 좋은 덱을 고르는 법

타로카드를 고르는 좋은 기준은 엄밀히 말해 없습니다. 대부분 자신의 취향에 맞는 그림의 덱을 구매하도록 권하지요.

그렇기에 그림을 감상하거나, 점술 목적이 없고 취미에 그친다면 어떤 덱을 구매하셔도 상관없습니다. 예술 작업으로써 만든 덱이더라도 타로카드의 형식을 가져오기 때문입니다.

다만, 타로카드를 본격적으로 '점술' 목적으로 구매할 때는 조금 다릅니다. 결국, 점을 보기 위한 기초적인 기준들이 얼마나 체계적으로 덱에 녹아들어 있는지 판가름해야 하기 때문입니다.

이를 나누는 기준에 대해 그동안 다양한 이야기를 해왔지만, 초보자에게는 더 정석적인 방식을 소개할 필요가 있는 것 같아 아래와 같은 조건들을 안내하고자 합니다.

1. 덱 디자이너가 덱을 만든 목적을 고려할 것
목적이 불분명하면 완성도도 떨어집니다. 예를 들어 윔지컬Whimsical 덱은, 동화를 기반으로 구성했기에 저연령층을 대상으로 점을 보거나 어릴 적에 생긴 문제가 남아 지금까지 어려움을 겪는 이들에게 더 적절한 조언을 할 수 있도록 구성돼 있습니다.

2. 설명서와 카드 이미지를 비교할 것
작은 소책자 형식 또는 북 세트(덱 및 덱의 내용을 개괄적으로 담은 책자를 포함한 세트)에 안내된 키워드의 내용이 실제 해당 카드의 그림에 전혀 묘사돼 있지 않다면, 아트 덱이 아닌지 의심해봐야 합니다. 이는 대부분의 아트 덱이 지닌 고질적 문제입니다.

3. 각 카드에 4가지 이상의 상징 키워드가 있는지 확인할 것
이 기준은 어디까지나 권장 사항입니다. 예를 들어 섀도스케이프스 Shadowscapes 덱은 좋은 아트 덱으로 추천하는 편인데, 이는 해당 덱의 그림 속에 중추 키워드가 균일하게 1~3개 정도 배치돼 있기 때문입니다. 다만 키워드가 많을수록 더 다양하고 구체적인 사안을 다루기 쉽기 때문에 권장한다고 생각하시면 됩니다.

4. 카드 한 장에 중복되는 상징이 있는지 찾아볼 것

만약 있다면 그 상징이 부각하는 키워드가 다르거나 잘못 만들어 진 것입니다. 예를 들어 라이더-웨이트 덱에서 장미 덩굴은 1. THE MAGICIAN.과 Queen of Pentacles에 등장합니다. 그러나 '비밀' 이라는 의미를 그대로 가져가되, 실제 해석에서의 적용은 전혀 다르 다는 것을 확인할 수 있습니다. 이는 메이저 상징편과 코트 상징편을 참고하시기 바랍니다.

5. 그림을 보고 3초 안에 핵심 키워드 상징 1개를 찾아낼 수 있는지 판단할 것

누가 봐도 의미가 뚜렷하게 드러난다면 해석할 때의 수고를 크게 덜 수 있습니다. 또한, 왜 해석이 그렇게 연결되는지 질문자도 쉽게 이해 할 수 있지요. 이 조건을 충족한다면, 그 덱은 그만큼 의미 표현이 명 료한 덱이라 할 수 있습니다.

6. 메이저 아르카나의 순서/이름 변경 여부를 확인, 명시했는지 확인 할 것

이렇게 바꾼 내용이 설명서 키워드에 적용돼 있다면 개성 있는 덱으 로 인지해야 하며, 그런 내용 없이 단순 변경에 그친 채 일반적인 키워 드를 그대로 사용, 안내하는 덱이라면 아트 덱이거나 점을 목적으로 사용하기 어려운 덱이라 할 수 있습니다.

7. 마이너 아르카나의 네 수트가 바뀌었는지 확인할 것

(Wand, Cup, Sword, Pentacle 등)

이렇게 바꾼 내용을 설명서 키워드에 적용해 덱 콘셉트와 어우러져 있어야 합니다. 예를 들어 Pentacle을 Coin으로 바꾸었음에도 신용 거래나 폰 뱅킹을 다루고 있다면 좋은 덱이 될 수 없습니다. Coin으로 명기된다면, 실물 거래 또는 물물교환 등 구시대적 화폐 교환으로 거래가 진행될 수밖에 없기 때문입니다.

8. 코트 카드의 단계를 파악할 것

이로써 작가가 생각하는 인생관을 이해할 수 있거나, 해당 덱 주제의 특색을 어떻게 살려내려 했는지 간파할 수 있습니다. 좋은 예로 데카메론Decameron 덱을 들 수 있는데, 이 덱은 해당 작품의 분위기를 부각하고자 King과 Queen의 위계와 의미를 역전시켰습니다(다만, 이 덱은 데카메론 원작의 모든 이야기를 다 담아내지 못했다는 한계 또한 있습니다).

9. 핍 카드의 Ace를 어떻게 표현했는지 확인할 것

좋은 덱일수록 마이너 아르카나에 대한 작가의 관점이 명확하게 드러난 키워드를 가지고 있습니다. 더 자세히 설명하면, 4원소에 대한 중추 의미 중 무엇을 강조할 것인지 드러내는 장치로 기능한다고 할 수 있습니다. 예를 들어 로빈우드 덱의 Ace 카드 네 장은 각각 창조성(Wand), 감수성(Cup), 논리성(Sword), 가치(Pentacle)의 정수로 표현돼 있습니다.

10. 덱의 테두리나 뒷면의 장식 요소가 덱의 주제와 관련이 있는지 확인할 것

르웰린 사社의 아서왕의 전설 덱이나 로빈우드 덱에서 뒷면의 문양은 무한한 회귀를 의미하는 매듭/미궁으로 꾸며져 있습니다. 이는 덱의 콘셉트와 어울리는 좋은 디자인이라 볼 수 있지요. 또한, 아트 덱인 비전 퀘스트Vision Quest 덱은 뒷면에 창공을 날아가는 독수리 그림을 그려놓은 것만으로도 이 덱이 어떤 콘셉트를 지향하는지 잘 드러냅니다. 이는 곧, 제작자가 일관적인 편집/기획 의도를 지니고 완성한 덱이라는 것을 증명합니다.

이런 기준들을 통해 좋은 덱을 선별할 수 있을 것입니다.

그 밖에도 더 많은 기준이 있을 수 있으나, 카드를 사용·학습하다 보면 자신도 모르게 이 내용을 하나둘 따져보게 될 것입니다. 저 또한 다양한 덱을 살펴보다가 위와 같은 기준을 정립한 것이니까요.

17. 모던 타로는 감성적이고 이미지만 본다?

누군가는 말합니다. 모던 타로는 감성 위주고 한계가 있다고요. 만약 그 말대로 모던 타로가 이미지와 감성 위주로 구성되고 읽힌다면, 클래식 타로의 메이저 카드도 충분히 감성 위주로 읽을 수 있습니다. 애당초 타로카드는 카드라는 매체 안에 그려진 그림과 그 속의 '상징'을 통해 '해석'하는 것이기 때문입니다.

클래식 타로와 모던 타로의 가장 큰 차이점은 키워드의 현실성을 최대화했다는 데 있습니다. 올바르지 못한 내용이나 제대로 살리지 못했던 내용을 개선하고, 키워드를 확장하고, 500년 전 사회·문화·시스템에 적용된 키워드를 100년 전 시대에 맞춰 개선한 것입니다.

그리고 지금도 타로카드는 시대에 맞게 변하고 있습니다. 높은 완성도를 자랑하는 덱을 보면 기존의 상징을 유지한 채 라이더-웨이트 덱이 뜻하고자 하는 키워드를 서서히 바꾸어가는 모습을 확인할 수 있죠.

그 좋은 예가 로빈우드 덱입니다. 성평등을 지향하는 사회에서, 라이더-웨이트 덱의 15. THE DEVIL.에 숨겨둔 키워드는 현대에 적용하기엔 무리가 있으며, 이를 오늘날의 상황에 맞도록 키워드를 삭제한 경우였죠. 라이더-웨이트 덱에 숨은 15. THE DEVIL.의 키워드는 여성들이 보면 기겁할 만한 키워드이긴 합니다.

"남자는 악어의 눈물을 통해 구원의 여지가 있지만, 여자는 원죄 The Sin의 잉태자이며, 그에 따라 구원할 수 없다."

이 내용은 속되게 말해 남자는 갔다 와도 되지만 여자는 갔다 오면 인생 끝난다는 소립니다. 19세기의 사회상은 이런 해석을 쉽게 적용할 수 있었던 시대였고, 당시 대부분의 사람이 이를 당연하게 생각했기에 키워드로 쓸 수 있었습니다. 그러나 성평등이 점차 이루어지고 있는 현대사회에서 사용할 수 없는 이런 키워드를 카드에 계속 담아두는 것에 반발하거나, 웨이트의 시각과 다른 입장을 채용하거나, 다른 분야의 의미로 이를 보완/대체/변경하는 것이죠. 바로 이것이 모던 타로의 의의였으며, 전 세계적으로 모던 타로가 폭넓은 인지

도와 범용성을 자랑하게 되는 가장 근본적 이유입니다.

그렇다면 클래식 타로의 경우는 어떨까요?

기본적으로 클래식 타로의 장점은 거의 사라지긴 했지만, 역사적으로는 대우받아 마땅합니다. 아무리 CAD 기술이 발전해서 건축 디자인의 수준이 올라가더라도 다보탑이나 석가탑에 의미를 부여하는 것과 같죠. 타로카드가 점으로 쓰이면서 이용됐던 것, 옛 키워드들이 어떻게 현실에 조명되는지를 관찰함으로써 더욱 현학적으로 접근할 수 있다거나 사건의 본질을 꿰뚫을 수 있다는 장점은 남아 있습니다. 문제는 사회가 지금도 변화하고 있으며, 이를 따라잡으려면 키워드를 재정비하거나 개선해야 하는데 연구자마다 의견이 갈려서 표준을 제시하기 어렵다는 데 있죠.

이 문제는 100년 전부터 심각했고(그 흔적의 하나가 유니버설 달리 덱입니다. 키워드 체계가 완전히 다름에도 타로카드로 발매됐죠) 새로운 시대에 맞춰 표준을 지정함으로써 시대의 흐름에 따라 상징체계가 변화할 수밖에 없음을 인정하며 이를 개선해보겠다고 만든 카드가 모던 타로, 라이더-웨이트 덱입니다(좋게 말한다면 위와 같이 말할 수 있겠지만, 웨이트의 모든 글에 흐르는 전반적인 뉘앙스는 거의 '비아냥거림'에 가깝습니다. 그가 『보헤미안 타로』를 영어로 번역하면서 남긴 후기는 그 비아냥거림의 절정을 보여줍니다. 결국 그는 이 책을 번역하고 나서 라이더-웨이트 덱을 출간하죠).

결론적으로 모던 타로, 다시 말해 '19세기 말부터 마이너 카드를 그림으로 표현하기 시작한 타로카드의 유형'을 총칭하는 이 단어는 클래식 타로의 치명적 단점(단순한 키워드를 통해 이를 이용하거나 변용하는 데서 이유나 상징이 부재했던 것)을 보완한 것입니다.

그렇다고 클래식 타로에 상징이 아예 없지는 않습니다. 다만 입문자나 연구자가 접근할 때 모던 타로에서 새로 시도한 내용은 혁신이었으며, 이를 통해 수많은 이야기를 타로카드로 가공하고 표현하면서 상징에 일정한 기준, '표준'을 세울 수 있었다는 데 그 의의가 큽니다.

그럼에도 100년 전의 문화·사회 인식을 담고 있기에, 모던 타로도 상징 사용과 연계 해석에 서서히 오류가 생겨나고 있습니다. 그래서 현재를 살아가는 연구가들이 오류를 조금씩 보정하고 있으며, 나아가 현 시대에 맞는 방향으로 이미지와 상징을 재배치함으로서 개선하고 있습니다.

클래식 타로의 역사적 의의를 부정하지는 않습니다. 그러나 활발히 개선이 이루어지고 더 발전의 여지를 보여주는 덱을 활용하는 게 당연한 일입니다. 저 또한 클래식 타로에 대한 연구 없이 이렇게 말하는 게 아닙니다. 제가 즐겨 쓰는 덱에 마르세유 덱이 없는 까닭은, 그 덱의 실용성을 확장하기에는 여러 가지 문제가 있다고 판단했기 때문입니다.

18. 타로카드마다 특별하게 더 잘 볼 수 있는 점이 있을까?

엄밀히 말하면 있습니다. 다만 이는 타로카드 덱마다 어떤 개성이나 성격으로 판단하지 않습니다. 이를테면 아래와 같은 비교를 통해 구분할 수 있겠네요.

> "뱀파이어 덱은 성격이 까다로워서 제대로 된 답을 안 준다" → ×
> "아서리안 덱은 주제가 소규모 인원, 스터디, 동호회의 인간관계에 맞추어져 있기에 이런 점들을 다른 덱보다 더 잘 볼 수 있다." → ○

위와 같은 예시가 일반적이고 쉽게 이루어진다면 좋았겠지만, 현재 국내 타로카드 업계에서 이런 구분을 해주거나 덱의 특색을 분석하고 구분해주어 사람들에게 덱의 목적이나 용도에 맞게 쓰도록 도와주는 사람이 없는 것도 현실이죠. 여러분들도 이런 궁금증을 가져본 적이 있을 겁니다.

그렇다면 어떤 방법을 통해 각 타로카드 덱이 다른 덱들과 차별화된 장점을 가지고 있는지 알 수 있을까요?

물론 라이더-웨이트 덱은 이 사례에서 제외됩니다. 그만큼 위대한 덱이고, 범용성이 남다르다는 점을 모두가 높게 산 나머지 이 덱을 기준으로 고전Classic과 현대Modern을 나눌 정도죠. 사실상 이 덱이 등장하면서 클래식 덱의 모든 이론과 사상은 폐기 직전까지 갑니다. 그만큼 엄청난 완성도를 보여주다 보니, 초보자에게 거침없이 권하는 덱이죠. 이 덱 이후로는, 현재 발매되는 클래식 계열의 덱들이 좋든 싫든 마이너 아르카나에 그림을 강제로 그려야 할 정도입니다.

그리고 라이더-웨이트 덱을 통해 덱을 기획하고 구성하는 방법들이 제시되기 시작했고, 뒤이은 연구자와 제작자 들은 각각의 목적에 특화한 내용 또는 사람들에게 자신이 의도하거나 표현하고 싶었던 내용을 타로카드에 담을 수 있게 됐습니다. 이를 통해 수많은 덱이 쏟아져 나왔죠.

그럼 어떻게 덱의 효용을 구분해야 할까요? 이는 해당 덱의 주제

올드잉글리시Old English 덱의 20. Judgement 카드(왼쪽)와 13. Death 카드(오른쪽).

가 어떻게 잡혀 있는지 확인해야 알 수 있습니다.

예를 들어 올드잉글리시Old English* 덱을 볼까요? 이 덱은 완성도도 무난한 편이기에 일반적인 주제를 다 소화할 수 있습니다. 좋은 테마 덱이죠. 그러나 이 덱을 100퍼센트 활용하려면 말 그대로 올드잉글리시의 문화적 흐름과 상징 들을 읽어내야 합니다. 그 점이 우리나라 사람들에게 이 덱의 의미를 제대로 연구할 수 없게 만든 단점이

---

* 올드잉글리시 시대는 고대에서 중세로 변환이 일어나던 영국의 5세기 후반에서 11세기 후반 노르망디공 윌리엄의 지배 전까지의 시기를 일컫습니다. 이 시기에 노르만족, 앵글로색슨족이 정착하기 시작하며 고대영어가 확립됩니다. 앨프레드대왕의 치세가 특히 유명하죠. 기존 켈트, 로마 시대의 문화 영향에서 벗어나 독자적인 영국만의 문화가 자생하는 시대로 평가됩니다.

피터 하몬드 지음, 홍성표 옮김, 『서양 중세의 음식과 축제』, 개신, 2003 및 Peter K. W. Tan, 〈The Old English Period〉, National University of Singapore, 16 May 2012(https://courses.nus.edu.sg/course/elltankw/history/OE.htm); Albert C. Baugh, Thomas Cable, *A History of the English Language*, Routledge. 1993; Dorothy Whitelock, *English Historical Documents. I: c. 500–1042*, Eyre & Spottiswoode, 1955.

기도 하죠.

그렇다면 이 덱은 어떤 분야에 특화돼 있을까요? 바로 귀농, 농사 분야입니다. 왜냐하면 이 덱은 9~12세기의 영국 생활사에 치중돼 있기 때문입니다. 이를 극명하게 드러내는 올드잉글리시의 카드는 13. Death도 있지만, 20. Judgement에서 더 명확하게 드러납니다. 이 시기에는 가톨릭 신앙에 지옥이나 연옥limbo 개념이 없었기 때문이죠. 그렇기에 천사가 와도 묻힌 사람들은 절망하지 않습니다. 당연히 구원을 얻을 것이라 생각하고 천사를 맞이하게 됩니다.

그래서 이 덱의 20. Judgement 카드는 그림을 통해 "약속된 구원과 재생"이라는 키워드를 쉽게 꺼낼 수 있습니다. 이는 농사에서 한 해의 종결과 수확으로 해석하기 쉽기 때문입니다. 여기까지 읽고 계시면 '아니 그래서 이 덱이 왜 농사 관련 특화야?'라는 의문이 들 수 있습니다. 이 덱의 13. Death 카드를 한번 확인해볼까요?

보통 13. Death가 의미하는 극명한 변환까지는 사신의 이미지로 드러나 있습니다. 하지만 전형적 도상이 돼야 하는 '다른 이들의 해골'이 생략돼 있죠. 이 시점에서 사신은 사실 죽음을 선고하러 온 것이 아니라, 어떤 시기의 변화를 의미하게 됩니다. 계절이 바뀌듯 말이죠. 그렇기에, 수확의 의미가 이 덱에선 13. Death에 있지 않으며, 도리어 20. Judgement에 있음을 알게 됩니다. 그리고 이 20. Judgement은 우리가 아는 심판의 그날과 달리 해마다 일어나죠.

이쯤 되면 이상하지 않나요? 천사가 올 때는 어디까지나 최후의 심판인데 말입니다. 그런데 여기서도 함정이 있습니다. 이 카드의 심판은 그저 심판Judgement이라고만 돼 있지, 최후의 심판The Last Judgement으로 돼 있지 않다는 점이죠. 그렇기에 이 덱에서는 심판의 의미가 해마다 다가오는 수확을 의미하게 됩니다. 말장난 같지만 이런 의도는 라이더-웨이트 덱 또한 강조하고 있으며, 마르세유 덱을 비롯한 클래식 덱과 완벽히 다른 의미를 심고자 변경된 점임을 쉽게 알 수 있습니다.

이는 덱의 기획 단계부터 의도적으로 면밀하게 배치돼 완성도를 높이려는 수단으로 사용했다는 증거로 볼 수 있습니다. 다시 말해,

이 카드 한 장만으로도 덱의 완성도를 알 수 있는 겁니다. 나아가 이 덱의 특성에 대해서도 확인할 수 있고요.

이런 예를 더 들자면 오쇼 젠 덱이 될 것입니다. 이 덱도 매우 유명합니다. 제가 주저하지 않고 주로 쓰는 덱이라고 할 만큼 잘 만들어진 덱이죠. 하지만 이 덱은 그저 라이더-웨이트 덱의 구조를 오쇼 라즈니쉬Osho Rajneesh라는 인물의 언행이나 사상으로 대체한 카드라고 할 수 있습니다. 그럼 오쇼 젠 덱은 어떤 특징이 있을까요?

덱 자체가 특정인의 철학과 관련 있기 때문에 이 덱은 기본적으로 오쇼 라즈니쉬의 사상을 어느 정도 알아야 합니다. 그럼 그가 뭘 하던 사람이었을까요?

일단 개인적인 평가를 빼고, 이 사람의 이력을 보자면 매우 독특한 사람임은 틀림없습니다. 동양, 인도철학의 접점을 찾고, 이를 서양에 전파했죠. 그렇기에 이 사람의 언행이나 기록을 보면 노자, 장자, 불교, 도교에서부터 수피즘, 이슬람, 힌두 등의 동양 및 인도철학과 니체, 융, 쇼펜하우어 등 서양 사상의 이야기까지 담고 있습니다.

이 시점에서 이미 이 사람의 언행과 기록을 정리하고 그를 추모Tribute하고자 만든 덱이 상당히 어려울 수밖에 없음을 짐작할 수 있습니다. 물론 어렵긴 합니다만, 사상 면에서 이 사람은 우리가 흔히 접하거나 깨달을 수 있는 개념을 서양인들에게 쉽게 설명해주려 애썼던 것임을 알 수 있습니다.

자, 그럼 이 덱의 그림을 보도록 하겠습니다. 이해하면 쉬운 개념을 사용하고 있다는 점을 알 수 있을 겁니다.

일단 이 카드의 키워드는 Trust, 신뢰입니다. 그리고 이 덱이 라이더-웨이트 덱의 키워드를 따라가므로 라이더-웨이트 덱의 키워드를 보죠. 선교, 선도, 감정을 전달하는 자, 여행, 아름다운 이성 등이 있네요. 그런 키워드를 이 카드에도 쓸 수 있나요? 예, 쓸 수 있습니다.

오쇼 젠 타로 (ⓒ 오쇼 인터내셔널)
한국에서도 구매할 수 있다.

이 그림은 이 사람이 지상에서 공중, 공중에서 지상을 향한 자유낙하를 하리라고 결심했으며, 그런 행위는 스스로 믿고자 하는 것을 믿는 데 비롯됨을 드러내기 때문입니다. 이와 같은 모습을 통해, 감정을 전달하고 타인의 신뢰를 얻으려는 사람은 자신을 믿고 스스로 진실돼야 한다는 것이죠. 그러면 다른 예로는 무엇이 있을까요? 제가 이 덱에서 가장 좋아하는 카드로 이야기해보겠습니다.

이 카드의 이름은 무無, No-thingness입니다. 아무것도 없어요. 분명 5번은 대사제Hierophant-교황Pope으로 명명됩니다만, 아무것도 없습니다. 이는 이 덱의 주요 사용 목적과도 깊은 연관이 있습니다.

보통 라이더-웨이트 덱의 교황 카드는 교육, 전통, 중재의 의미를 띠고 있습니다. 그럼 이 카드는 대체 아무것도 없는 이 그림을 가지고 어떤 이야기를 하고 싶었던 것일까요? 확실한 건, 전통은 이 덱에서 그리 큰 비중을 차지하지 않는다는 것입니다. 그렇다면 남는 건 교육과 중재가 됩니다. 중재 또한 키워드로 사용하기엔 무리가 있어 보입니다. 그럼 제외해보도록 하죠. 남는 것은 교육이 되겠군요.

그렇다면 과연 아무것도 없는 이 모습이 어떻게 교육을 의미할 수 있을까요? 우리나라 사람에게 불교의 이야기를 자세히 풀어 쓸 필요가 있을까요? 굳이 이야기한다면 수많은 예를 들 수 있겠죠.

이런 키워드들과 그림의 의미들 때문에, 이 덱의 사용처는 명백해집니다. 바로 자기 자신을 위한 명상과 타인에게 내리는 자비의 역할이죠. 그렇기에 이 덱을 통해 해석하게 되면, 무엇이 잘못됐고, 무엇을 잘못했는지를 보지 못하는 것은 아니지만 그 말의 뉘앙스가 '왜 스스로 번뇌를 하는가?', '이렇게 하면 그 번뇌를 해결할 수 있을 것이다(실제적 이득과 동떨어진 이야기더라도—그래서 이 덱의 조언은 현실성이 약간 부족할 수 있습니다)'라고 표현되는 경향이 있습니다.

이제 다시 원론으로 돌아와보겠습니다. 최대한 요약해보죠.

<u>덱마다 잘 볼 수 있는 주제가 따로 있나요?</u>
예, 있습니다.

<u>덱마다 잘 볼 수 있는 주제는 어떻게 분석해야 하나요?</u>
그림을 읽어내는 법을 공부해서, 카드에 그려진 내용이 덱의 주제와 결합해 어떤 의미를 일관적으로 지닐 수 있는지 분석할 수 있어야 합니다.

<u>그럼 덱마다 잘 볼 수 있는 주제에 대해서만 점을 봐야 하나요?</u>
잘 만들어진 덱이라면 특정 주제 말고도 일반적인 주제의 점을 모두 소화할 수 있습니다. 가장 좋은 예가 바로 라이더-웨이트 덱입니다.

19. 타로카드 점을 많이 보면 일찍 죽거나 기가 빨릴까?

지금 이 글을 쓰는 저로 말할 것 같으면, 피드백이 남아 있는 데이터 베이스가 십수만 건이 넘으며 피드백이 남아 있지 않은 배열과 연계 해석을 기록한 건 그 몇 배가량 있습니다. 타로카드를 잡은 세월은 30여 년이고, 순수하게 타로카드만 잡았던 기간만 계산하더라도 13년이 다 돼갑니다. 저 잘 살아 있고 잘 먹고 잘 자고 살아 있습니다. 제가 무슨 대마법사도 아닙니다. 무슨 말인지 이해되시죠?

몇 년 잡고 요절하는 사람이라도 나오면 또 모르겠는데 그것도 아니잖아요. 기 빠지는 거야 사람이 많이 말하다 보면 좀 힘들 수도 있죠. 이 질문은 왜 계속 반복되는 건지 당최 이해가 안 됩니다.

20. 타로카드로는 자기 점을 못 볼까?

간단히 말하자면, 볼 수 있습니다. 다만 어려울 뿐입니다. 이런 질문이 나온다는 것 자체가 개인의 시각을 스스로 투영한다는 게 그만큼 쉽지 않다는 반증이죠. 남 눈의 티끌은 잘 잡아내도 제 눈의 들보는 못 본다는 속담은 여전히 진리입니다. 특히 메이저/마이너 카드가 섞여 연계되는 과정에서 자신의 주관이 들어가 잘못된 답을 꺼내기 쉽죠.

이렇듯 자기 자신에 대한 냉철한 판단이 어렵기에 '내가 못 보니 너희들도 못 본다'라는 식의 생각으로 점을 못 본다 말하는 사람이 종종 있었고, 그런 의견이 여과 없이 받아들여졌던 것이라 할 수 있습니다.

저는 제 점 잘 봅니다. 잘 맞고요. 이런 루머를 대체 누가 퍼트리는지 모르겠지만, 정작 물어보면 어디서 들었다는 식의 말 뿐이니…….
어떤 루머를 대하기에 앞서, 근거를 확인하는 습관을 들인다면 이런 이야기에 휘둘리지 않을 것입니다. 근거 없는 이야기는 믿지 않으면 그만이거든요.

21. 타로카드는 먼 미래를 볼 수 없을까?

결론부터 말하자면, 먼 미래도 볼 수 있습니다. 제 경우, 13년 가까이 걸려 점사占辭의 내용을 확인한 사례도 있으니까요. 다만 운명학과 점학의 비교에서 언급했듯이 더 나은 도구가 있는데 뭐하러 비효율적으로 타로카드 점을 보느냐는 문제가 있죠. 저도 먼 미래를 볼 땐 타로카드를 자주 꺼내지 않습니다.

그렇다면 왜 해석자들은 타로카드로 먼 미래를 보지 못한다고 할까요? 타로카드가 보통 3개월 안의 일을 본다는 이야기는 무료 행사장에서 처음 퍼졌으리라고 추정하는데, 아마도 다음의 이유 때문이었으리라고 봅니다.

1. 역량의 부재
1990년대 후반에서 2000년대 초반 당시에는 먼 미래를 점으로 해석할 수 있는 역량이 다들 없었을 것입니다. 온라인에서 태동한 문화였기에, 그 당시의 흥미 본위로 흘러갈 수밖에 없던 환경이었습니다.

2. 가격의 문제
자본주의 논리로 한 번만 생각해보시면 됩니다. 5000원, 1만 원으로 평생 운을 봐준다면 대충 둘러대고 받고 말죠. 아무래도 이 부분은 현업 종사자들의 처우나 수준 개선이 있어야 할 문제도 분명 있을 것입니다. 그만큼 가볍게 보일 수준으로 떨어졌다는 이야기니까요. 이건 각자 노력해야 하고, 서로 어느 정도 이해해야 할 문제겠죠.

3. 계산이 복잡해지거나, 변수가 생기게 된다
아무래도 점학은 어떤 한 지점을 기점으로 이후에 이어질 방향들을 제시하기 때문에 생각해야 할 변수가 많고, 그만큼 중간 지점에서 다시 점을 봄으로써 경로 수정 등의 행동 지침을 지정해나가야 하는 일이 있습니다. 단골이나 가택신(아직 우리나라엔 남아 있는 풍습입니다. 특정 집안에 대해서만 점을 보고, 대신 그 집안에서 해당 점술가를 부양하는 방식입니다)도 아닌데 한 명과 계속 꾸준히 상의하기가 매우 어려운 환경이라는 것이죠.

4. 피드백을 확인하기 어렵다

해석자도 결과를 확인하기가 매우 어렵습니다. 특히 행사장에서 본 검은 어떻게 피드백을 수집하고 그 해석이 맞고 틀림을 알 수 있을까요? 이런 상황이다 보니, 아무래도 최근의 이야기로 질문을 한정하고 해당 질문에 대한 내용을 편집해 최대한 쉽게 풀어야 다른 대기자도 응대할 수 있다 생각해 긴 질문을 원천봉쇄한 것입니다. 저 또한 행사 관련한 데이터베이스가 있기는 한데, 공식적인 자리에선 아예 언급도 안 합니다.

5. 남들이 그러니까 나도 그런 줄 알고 계속 전파했던 경우

이건 굳이 설명하지 않아도 아시겠죠. 블로그, 카페, 지식인 등등. 어찌 보면 좋은 정보가 퍼지는 속도와 왜곡된 정보가 퍼지는 속도는 너무나도 다르죠. 정작 이유를 물으면 제대로 된 대답은 없고요. 대충 이것저것 추론해도, 위 항목들에 얼추 적용할 수 있을 겁니다.

22. 타로카드로 볼 수 있는 것들

타로카드는 사실상 점학에 속하며, 유동적인 모든 것에 대해 점을 볼 수 있습니다. 이를 특화하고 확대하면 흔히 나오지 않는 내용을 알아낼 수도 있습니다. 질병의 유무, 컨디션의 호조와 난조, 징크스의 효과, 호감의 유무, 동업의 유무, 승패, 노력만큼의 결과를 얻을 수 있는지 등의 많은 내용도 알아낼 수 있습니다. 심지어 인사고과의 내용이나 주식의 상·하향세도 볼 수 있습니다.

다만 정밀하고 깊이 있는 내용을 알고자 한다면 그만큼 질문을 자세히 할 줄 알아야 합니다. "내가 투자하는데 얼마나 벌까요?"라는 질문과 "내가 투자하는 × 종목은 향후 어떻게 되는가? 현재 이 × 종목은 작전 세력이 있다는 소문이 돈다."라는 질문은 그 해석 내용의 깊이가 하늘과 땅 차이만큼 납니다.

그러므로 "어떤 내용을 볼 수 있는가?"에 대한 질문보다 "어떻게 물어야 더 자세히 볼 수 있을까?"에 대한 고민을 충분히 해보고 질문하기를 권합니다. 그럴수록 카드는 더욱더 자세한 내용뿐만 아니라 일 자체의 전말까지 전부 알려줄 수도 있으니까요.

또한 대상이 있는 질문을 할 때는 매우 조심해야 합니다. 특히 요새 들어 많은 해석자가 상대방의 마음이 어떤지를 묻는 질문을 받고 당황하는데, 예를 들어본다면 다음과 같습니다.

1. 우리 관계는 어떻게 될까?　　　2. 그 사람은 나를 어떻게 보는가?

이 두 질문은 목적(잘 지내고 싶다)은 같을지언정 점을 보는 관점(상대인지 질문자인지?) 자체가 달라지므로 점을 보기 전에 명확하게 "그 사람의 관점으로만 보고 싶다" 또는 "양쪽 입장 전체를 보고 싶다"로 구분지어주시면, 해석자들이 더 확실하게 해석할 수 있습니다. 타로카드를 제대로 즐기려면 그만큼 자신이 알고자 하는 것과 말하고 싶은 것을 명확히 해야 합니다. 어떤 점을 보더라도 대화로 선결되는 것이 있으니, 원하는 바를 명확히 하는 것이 좋겠죠.

23. 복채는 왜 받는 것일까?

이 질문은 타로카드에만 해당하는 게 아니라 모든 종류의 점이 다 같을 겁니다. 그래서 좀 풀어봅니다.

왜 복채ト債를 주는가?

한자 자체를 해석해봅시다. 점 복, 빚 채라는 글자로 조합됩니다. 점을 보았으니 그에 따른 빚을 갚는다는 말로 이해할 수 있죠.

대부분의 점은 복채를 요구합니다. 서양의 경우는 잘 모르겠으나, 적어도 이 단어를 쓰는 동북아 3국의 경우 점을 보는 행위 자체가 자기 자신의 복을 깎는 효과로 드러나거나, 그만큼의 해를 입는 행위로 인식됐습니다(서양의 경우에는 이와 가장 흡사한 개념이 피드백〔Feedback, 여기에서는 주술의 반작용으로 시전자에게 돌아오는 피해〕이겠죠). 점을 봄으로써 점을 봐준 사람은 그만큼 손해를 입었기 때문에 이를 벌충해야 한다는 논리이며, 그렇기에 상대방은 그에 상응하는 음식, 술, 대가를 치름으로써 거래를 완성하는 것입니다. 옛 기록을 보면, 동네 용한 점집 수준의 술사에게 점을 봤을 때 (이에 대한 대가는 각기 다를 수 있으나) 적어도 1일, 3일, 5일, 7일의 끼니를 해결할 수 있는 무언가나 그에 준하는 노동력을 대가로 받았던 것으로 전해집니다. 물론 점의 정확성이나 주제의 경중에 따라 이는 조정할 수 있었으며, 때로는 해석자를 평생 먹여 살리는 조건으로 가택신에 준하는 계약을 맺고 다른 이의 점을 봐주지 못한다는 제약을 걸어 정확성을 더 높인 사례도 있죠(이런 경우는 제약의 강도가 다를 뿐 지금도 쓸 수 있는 방식입니다).

복채를 많이 주냐 조금 주냐에 대한 가치 판단은 사람에 따라 다릅니다. 보통은 질문의 경중에 따라 크게 나뉘며, 해당 문의자의 격이 어떻게 되느냐에 따라 다릅니다. 또한 선불이냐 후불이냐도 재량에 따릅니다.

그렇다면 주지 않을 때는 어떻게 되는가? 믿거나 말거나에 가까운 이야기입니다만, 점을 본 사람만 손해 보는 경우는 없습니다. 엿보는 행위는 쌍방으로 이루어졌으며, 이것이 거래도 아니라면 문제가 있을 수밖에 없다는 게 전통적인 시각이죠. 이때는 점을 봐준 사람도, 점을 본 사람도 어느 정도 격이 떨어지거나 불행한 일이 일어날 수 있습니다. 그래서 한 잔이라도 좋으니 술이나 사라는 식으로 점을 보곤 했죠(실제 웹상에서 활기를 띄기 전엔 시장이나 칵테일 바 같은 데서 점을 보고 해석해주곤 했습니다).

　물론 현대의 자본주의를 잣대로 삼는다면 그만한 서비스를 받았고, 정가가 정해져 있으니 해당 가격을 지불한다고 보시면 됩니다. 서비스와 재화의 교환을 통한 정당한 거래가 되니까요.

24. 앱/프로그램으로 보는 것도 맞을까?

앞에서 다루었던 내용과 맥락이 같기 때문에 겹치는 부분은 생략하겠습니다. 단, 오프라인/온라인상에서 돈을 내고 점을 본다는 것은 그만한 서비스를 받는다는 조건이 성립돼야 합니다. 즉 돈값 하는 점을 봐야 한다는 것이죠. 어느 정도의 가치를 지불할 것이냐는 전적으로 본인의 판단에 달려 있습니다. 여기에서 추가로 질문하시는 분이 많습니다.

1. 앱/프로그램으로 보는 점이 맞긴 하나요?
예, 맞긴 합니다. 다만 프로그래밍이 잘 돼 있다는 것을 전제로 합니다. 프로그램에서 랜덤 변수를 일반적으로 넣게 될 경우, 특정 번호가 자주 나오거나 덜 나오는 경향이 있습니다. 프로그래머들도 이를 개선하려 노력했으며, 이젠 프로그램 자체에서 지원해주는 경우도 있죠. 다만 어디까지나 통계의 문제이기에, 불신하는 분도 아직 많습니다.

저는 랜덤 변수가 비교적 다양하게 나타나는 프로그래밍을 통했다면 믿어도 무방하다 보는 편입니다. 다만, 프로그램 자체에 대응된 키워드나 해석은 적용이 제한되거나 다양한 해석을 현실적으로 할 수 없는 단계이기에, 배열에 펼쳐진 것을 보고 사람이 해석하는 정도로 절충할 수 있을 것입니다.

2. 본인이 직접 뽑는 것과 상담자가 뽑는 것이 차이가 있습니까?
일단 기본적으론 없다고 봐야 합니다만, 제 개인적 견해로는 있다고 봅니다. 일부러 질문자의 질문을 듣고 섞거나, 질문자에게 섞게 하는 것은 그만큼 질문자가 생각하는 바를 잘 적용하려는 방책이라 여기기 때문입니다. 그러나 이는 반대로 보자면 그만큼 질문자의 사견을 담을 수 있기에 기피해야 한다는 견해도 있습니다.

그러나 어떻게든 해석하는 사람은 정해져 있기에 그 해석자의 수준 차가 있을 뿐, 기타 요소가 큰 영향을 끼친다고 볼 수는 없습니다.

또한 이를 통계로 분석한 경우도 없어서, 차이가 있다 없다를 결론 내기 어렵습니다. 나중에 누군가가 이를 통계로 분석한다면 재미있는 결과가 나올 수도 있겠지만요.

25. 해석은 어떻게 시작해야 할까?

많은 입문자가 가장 난항을 겪는 것이 바로 해석에 대한 것입니다. 보통 첫 번째로 겪는 과정은 바로 카드 한 장의 의미만 보고 각각의 의미로만 생각해보는 것입니다. 키워드도 외울 겸 한 장 한 장만을 읽어서 단순히 그대로 대입하는 방법이죠. 예를 들면 은둔자 카드가 과거의 자리에 나왔을 때, 단순한 키워드로 '아 난 과거에 외로웠나 보다'라고 해석하는 식입니다.

해석력을 키우기 위해 가장 많이 권장되는 방법은 역시 하루 읽기(데일리 리딩)입니다. 이를 통해 키워드를 실제 상황과 긴밀하게 연관해 이해해봄으로써 카드 자체의 이해력을 키우는 것입니다.

오늘은 4가 나왔으므로 내 주장을 관철해봐야지.
다른 사람들과 쉽게 부딪힐 수 있으니 조심해야지.

그런데, 이렇게 한 장 한 장을 이해하는 것까지는 쉽지만 당장 3카드 배열법으로 넘어가기만 해도 혼란스러워질 겁니다. 이는 키워드를 어떻게 이어가는지 모르기 때문입니다.

그럴 땐 아주 단순하게 생각하면 됩니다. 한 장 한 장을 하나의 단어로 두고, 짧은 글을 짓듯 연결하면서 카드의 키워드를 배열의 의미대로 나열하면 되는 것이죠.

그녀와 나의 관계는 앞으로 어떻게 될까?
1. THE MAGICIAN. - 6. THE LOVERS. - 3. THE EMPRESS.

과거에는 내 의지로(1) 유지됐고,
지금은 서로 이야기하며 좋은 관계를(6) 유지하고 있으며,
앞으로는 더 많은 것을 함께 할 수 있는(3) 관계가 될 것이다.

위와 같은 방법으로 시도하는 것입니다. 물론 처음 할 때는 적응이

잘 되지 않을 것입니다. 그러나 초등학교 때 배우는 짧은 글짓기와 다를 것이 전혀 없습니다.

쉽게 말해 카드는 짧은 글짓기에서 제시되는 몇 개의 단어가 되는 것이며, 배열 위치의 의미는 그 짧은 글짓기를 할 때 어떤 단어를 어떤 순서대로 배치하는지 정해주는 것이라 생각하면 됩니다. 위의 예시라면 과거이기에 1의 키워드인 의지가 먼저 서술된다고 생각하면 됩니다. 이런 방법을 반복하다 보면, 더 복잡한 배열도 점차 쉬워질 것입니다.

26. 점은 언제 봐야 할까?

운명학에 속하는 점은 보통 탄생 직후에 봅니다. 이른바 사주단자로 일컬어지는 생년월일시를 중요시하게 된 이유이기도 하지요. 이는 서양의 점성술도 동일합니다.

이 분야의 점술들은 생명을 받아 세상에 나온 순간 이미 생년월일이라는 지도를 통해 자신의 미래를 관망하며 나아갈 수 있다는 관점을 지닙니다. 그렇기에 삶을 살아가며 중간에 큰일이 있다면 자신의 지도(생년월일)를 기반으로 마주한 문제(가 일어날 때)와 비교/대조해 문제를 해결할 수 있다고 여깁니다. 여기서 파생한 방식으로 사주의 택일擇日 개념과 점성술의 호라리Horari를 예로 들 수 있습니다.

그러나 점학에 속하는 점은 어떤 문제와 마주했고, 이 갈림길에서 어떤 선택을 해야 하는지 분석해야 한다는 관점을 지닙니다. 그렇기에 점을 보기 위한 일련의 준비 과정(생년월일시 등)이 필요하지 않은 대신, 점을 봐야 하는 '때(타이밍)'에 집중합니다.

다시 말해, 점을 봐야만 하는 시기를 지정해두는 것입니다. 물론 서양 점술들(타로카드/오라클 등)에서는 이 제한이 비교적 덜하거나 기준이 없는 편입니다. 이들은 보편적으로 질문자의 의지만 있다면 언제든 볼 수 있다고 여기는 경향이 있습니다.

그렇기에 질문에 앞서 질문과 관련한 사전 정보를 세밀하게 파악하거나 같은 질문을 반복하지 않는 등의 제약을 걸어두는 방식을 취합니다.

하지만 이런 방법으로도 한계가 있지요. 점을 보고 싶어 하는 분들은 그만큼 급하거나 궁금해하는 것이 현실이고, 이런 방식으로라도 명확한 답을 얻으려는 절박한 마음이 있기 때문입니다.

그렇기에 제가 여러분들에게 권하고자 하는 방식은 다음과 같습니다(어디까지나 제 개인의 견해라는 점을 미리 밝힙니다).

'사람이 할 수 있는 것을 다한 뒤' 점을 보는 것입니다.

이는『삼국지연의』에서 제갈량이 한 말로 알려진 "내가 사람으로서 할 수 있는 방법을 모두 쓴다고 할지라도 목숨은 하늘의 뜻에 달

렸으니, 하늘의 명을 기다려 따를 뿐이다修人事待天命*"라는 말에 기반
합니다.

스스로 할 수 있는 일이 없다고 여기는 상황에서 점을 보는 것이야
말로, 가장 점을 보기에 적절한 상황이며, 이때 나온 점의 결과야말
로 가장 적절한 해답을 알려준다는 이야기로 이해할 수 있습니다.

예를 들어 아직 고백조차 하지 않은 사람이 "저 사람과 내가 사귀
면 어떻게 될까?"를 질문한들. 그것은 하나의 가상 시나리오에 지나
지 않을 확률이 높다는 것이지요.

그러나 저 사람에게 고백을 앞둔 이가 "저 사람과 내가 더 좋은 관
계로 나아가려면 어떻게 해야 할까?"를 물어본다면, 그 고백이 실패
하더라도 관계를 더욱 확고하게 만들 방법들을 논할 수 있게 됩니다.

이에 더해, 원론에 충실한 질문을 하는 것이 중요하다고 할 수 있
습니다.

'저 사람이 나를 어떻게 생각할까요?'라는 질문이 있다면, 이 질문
은 최악의 경우 '그 사람은 당신에 대해 그 어떤 생각도 없습니다'라
는 말 말고는 해줄 수 없는 상황이 자주 나타납니다.

이 질문을 '저 사람과 관계를 개선하는 데 필요한 것은 무엇인가?'
로 바꿔본다면, 그 사람이 원하는 것들을 종합해 더 현실적인 제안을
하거나, 현실적으로 무의미한(예: 이미 헤어져 연락조차 닿지 않아 관계
복구 시도가 불가능한데도 이런 질문을 하는 상황) 질문을 방지해 쓸데없
는 시간과 비용을 낭비하지 않을 수 있을 것입니다.

이처럼 점을 봐야만 하는 상황 또는 점을 보는 것 말고는 변수가
없는 상황에서, 불명확한 결과를 묻거나 자신이 개선해야 할 점을 탐
색하는 것이 점의 효율을 높일 수 있습니다.

이는 어디까지나 제 생각일 뿐이지만, 최소한 점에 대한 과신이나
맹신을 방지할 수 있는 조건이라 생각합니다.

* 이후 진인사대천명盡人事待天命으로 널리 알려지게 된 말입니다.

27. 점 보고 싶은 사람(질문자)이 주의해야 할 점

타로카드 점을 보기 위해 기본적인 순서를 적어둔 글입니다. 해석 자체를 서로 편하게 하기 위해 만들어둔 암묵적인 규칙을 글로 남겨둔 것이라 보면 됩니다.

온라인/오프라인 공통 규칙

1. 주제를 명확하게 서술하세요
너무 간단하거나 포괄적인 내용을 묻지 마세요. 최소한 자기 자신이 어떤 상황에 처해 있는지, 어떤 내용에 대해 더 세밀하게 보고 싶어 하는지에 대한 이야기를 써주시면 좋습니다. 물론 사생활 깊숙한 내용까지 밝히는 건 그저 선택 사항입니다. 그래도 최소한 밝힐 수 있는 부분은 밝혀주심이 좋습니다. 이는 해석자들이 더 세밀하고 정확한 해석을 위해 도움이 되기 때문에 권장되는 것입니다.

2. 거짓으로 질문하지 마세요
신이나 기타 무슨 이능의 힘이 존재하는 이상한 사람들이 아니라 공부하는 사람일 뿐입니다. 그러니 여러분들이 거짓을 말하는지, 진실을 말하는지를 해석자에게 시험하진 말아주세요.

3. 같은 주제를 반복해서 보지 마세요
대부분의 점술에서 금기시하는 것입니다. 최소한 상황의 변화가 존재해야 해석에 변화가 주어집니다. 굳이 같은 질문을 해도 같은 해석만 반복하거나 되려 해석이 어긋나는 경우가 많습니다.

온라인에서 점을 보거나 해석할 때 주의해야 할 점

1. 자신이 사용한 카드의 덱 이름을 써주세요
카드마다 상징이 다 다르기 때문에 이걸 모르면 정말 산으로 가는 경우가 많습니다. 고로 자신이 사용한 카드에 대해 언급을 반드시 해주셔야 해석이 어긋나지 않게 됩니다(예: 제가 사용한 덱은 알리스터 크롤리의 토트 덱입니다).

2. 자신이 펼친 배열의 이름과 순서에 따른 뜻을 기록해주세요
검색 조금만 해도 나올 수 있는 배열이 많습니다. 카드를 아무리 펼친다고 해도 배열 순서와 위치를 명시하지 않는다면 해석하는 사람은 그 글에 댓글은커녕 조회조차 하지 않을 겁니다(예: 켈틱 크로스 스프레드입니다. 3456순서가 아래에서 시계 방향으로 돌아가는 방법으로 펼쳤습니다).

3. 점을 봤던 주제의 상황이 변했거나 시점이 지났다면 해당 내용의 피드백을 같이 기재해주세요
변한 상황에 대해서 어떻게 생각하는지 이전 배열의 해석에서 틀린 점이나 스스로 바꾸어놓은 길을 평가받을 수 있을뿐더러, 다른 분이나 해석자에게 하나의 데이터베이스가 되어줍니다.

28. 마냥 좋아 보이는 카드의 반전

정방향/역방향 관련 내용에서도 다룰 문제입니다. 쉽게 말해, 카드에 있는 좋은 의미가 계속 그러리라는 법이 없다는 것이죠. 물론 어느 정도 의식이 있다면야 세상에 공짜가 없듯 영원히 좋은 것도 없을 것이라고 의심하겠지만. 처음 카드를 접한 분들은 키워드를 익히기에도 빠듯한 상황에 반전은 또 뭔가? 하실 분들이 더 많죠.

초상집에서 아무리 웃겨도 그 자리에서 웃진 못하죠? 잔칫집에서 아무리 슬퍼도 혼자 울고 있으면 어떻게 될까요? 마찬가지로, 카드가 아무리 긍정적이더라도 점의 주제나 주변 카드와 맞지 않게 혼자 튄다면?

당연히 그 카드 고유의 의미가 퇴색될 수밖에 없습니다. 사실 이 내용은 정방향만으로도 충분히 역방향 키워드를 찾을 수 있다는 반증이기도 합니다. 이는 주제와 상황에 따라 변용되기도 합니다.

돈이 따로 생길 일도 없고 일도 안 하는 백수가 금전에 관련해서 점을 보는데 여제 카드가 나온다 해서 돈 생길 일이 있을까요? 잘 쳐줘봐야 친구한테 밥이나 얻어먹는 정도겠죠. 반대로 없는 돈을 이리저리 낭비하는 경우가 더 많지 않을까요?

막상 이렇게 말하면 쉬워 보이지만, 처음 카드를 접하는 분들에게는 이 상황에서 어떻게 카드를 해석할지 힘들어하시는 경우가 많습니다. 그렇다면 어떨 때에야 이런 반전이 있을 수 있을까요?

1. 주제에 전혀 걸맞지 않은 카드의 출현
돈이 한 푼도 없고 수익이 나올 상황도 아닌데 3. THE EMPRESS.
연애할 상황도 아니고 밖에 나가지도 않는데 3 of Cups
공부는 하나도 안 하는데 19. THE SUN.

2. 다른 부정적 카드들이 나온 상황에서 홀로 긍정적 마인드를 발산하는 상황
위와 반대. 이때는 꼭 카드의 의미가 변질됐다고 의심해봐야 합니다.

이 두 가지 상황만 생각해도 의외로 많은 변수가 드러납니다. 그렇기에, 저는 처음부터 카드를 빠르게 많이 해석하는 것보다, 늦더라도 하나하나 변수를 검토하며 배우는 게 좋다고 항시 강조합니다.

카드의 키워드가 반전되면 어떤 일들이 벌어지는지에 대해 여기서 설명하기에는 풀어야 할 내용이 너무 많거니와, 읽기보다는 실제로 풀이를 한 번 보시는 편이 훨씬 도움이 될 것이기에 훨씬 도움이 될 것이기에 이어지는 30, 31, 32번 항목을 차분히 읽어보시길 권합니다.

29. 직관이란 무엇인가?

사유 혹은 추리와 대립되는 인식 능력이나 작용. 사유가 반성과 분석을 통해 사태의 일면을 파악하는 데 반해, 직관은 순간 속에서 사태를 전체적으로 파악하나 분석처럼 명확하지 못하며, 직관하는 자에게는 명확하게 인식되었다 하더라도 그것을 타인에게 전달할 수 없다. 직관은 어떤 사상에 대한 비반성적 공감, 즉 자아와 사상의 일치를 의미하는 것으로서, 경험적 직관과 본질적 직관으로 구분할 수 있다.

직관直觀, intuition(교육학용어사전)

직관이 대체 점과 무슨 상관이 있을까요? 그리고 그렇게 강조하는 이 직관 때문에 무슨 일들이 벌어지고 있을까요?

타로카드에서 직관이 차지하는 부분은 사실 생각보다 적습니다. 타로카드를 힐링이나 상담 목적으로 쓸 수 있다고 주장하는 분들 가운데, 심히 어설픈 분들만이 직관을 남용하곤 합니다. 직관을 통해 점을 제대로 본다는 말은, 그저 잘 찍는다는 말일 뿐입니다.

직관보다 사유와 사고를 통해 사람과 세상을 관조하고, 이를 통해 하나의 통찰을 형성해 해석해나가야 합니다. 직관이라는 개념도 통찰을 근거로 '말로 설명할 수 없지만 필시 이렇게 되리라'라는 개념이라 생각하는 게 맞습니다.

강의를 들으러 오신 분들이 '이 카드에서 어떻게 이런 의미가 나온다는 거죠?'라고 질문하는 일이 자주 있습니다. 더 깊고 멀리, 넓게 사유하고 더 나아가 타인에게 벌어질 일이 내게는 어떻게 적용되는지, 또는 반대로 내게 벌어지는 일들이 타인, 조직, 세상, 환경 등에 어떻게 대입되는지 계속 사유한다면, 키워드를 넓히거나 맞추는 것을 넘어서 자신이 세상을 바라보는 거대한 기둥을 세울 수 있게 될 것입니다.

그러니 그 직관의 말뜻처럼, 제대로 볼 수 있도록 먼저 스스로를 올곧이 세우세요. 통찰이 생긴다면 자신이 직관을 내세우고 싶지 않아도 타인들이 직관이 있다면서 달려올 것이니까요.

30. 정방향과 역방향(1) - 역방향의 출현

보통 매뉴얼에 Meaning/Reverse로 정방향과 역방향이 쓰여 있습니다. 이걸 꼭 구분해야 할까요? 구분한다면 그 이유는 무엇일까요? 언제부터 이런 구분이 생겼을까요? 일단 이 이야기는 길어질 수밖에 없는 점 양해 부탁드립니다.

1. 역방향이 원래부터 있었는가?

아닙니다. 타로카드에는 기본적으로 역방향은 있지도 않았습니다. 그렇다고 역방향을 삽입해 키워드를 늘리려 한 것도 아닙니다.

2. 역방향은 왜 추가된 것인가?

18세기, 타로카드는 난세를 맞아 선풍적인 인기를 끌었습니다. 특히 그 당시의 사회 불안을 타고 걷잡을 수 없을 만큼 퍼져 나가죠. 이 시기가 바로 루이 16세 치하 프랑스였습니다. 이때 활동하던 장바티스트 에틸라(에테이아)라는 사람이 덱을 만들고, 이것이 엄청난 인기를 끕니다. 완전히 색다른 구조의 역방향 시스템은 점술을 좋아하는 사람들에게 기존의 카드와 차별을 둔 것이었죠. 당시 르노르망 카드 Lenormand Card나 마르세유 덱에 익숙해진 사람들은 새로운 개념에 신기해했고, 점술에 대해 별다른 노력 없이 상하 방향을 통해 정/역 방향 키워드를 암시해둔 것으로 쉽게 접근할 수 있었습니다. 마케팅의 승리라고 해야 할까요. 실제 카드 그림을 보시겠어요?

에틸라, 1773년, 암스테르담판

상하의 키워드가 보이시죠? 난세나 말세엔 요설妖說이 판친다는 말은 참 씁쓸하지만, 점술에서 그만큼 정확한 표현은 없답니다.

그리고 프랑스대혁명이 일어납니다. 이때의 분위기는 다음과 같았습니다.

- 파리에서 가장 좋은 구경거리가 처형장 끌려가는 귀족들 보면서 실뜨기하며 잡담을 나누는 일이었습니다.
- 오늘은 어느 가문의 귀족 부인이 잡혀서 참수당할지가 가장 화젯거리인 분위기였죠.
- 사형장은 열광의 도가니였고, 사형수의 신체 일부를 부적 삼아 박제하는 풍습도 남아 있던 때였습니다(이 풍습은 파리 엑스포까지 이어지다 벨 에포크belle epoque 시기를 맞이하며 사라지게 됩니다).

이렇듯 바람 잘 날 없는 혁명의 광풍 때문에 사람들은 불안감을 감출 수 없었고, 이런 시국을 틈타 점술은 엄청나게 유행합니다. 그리하여 다시 타로카드가 유행합니다. 이 시점엔 이 덱을 만든 사람이 사망한 뒤였지만, 명성을 이용하거나 이를 개편함으로써 얻는 인지도나 이득이 사람을 유혹하기에 충분했고, 개정판이 등장합니다. 사진을 한 장 더 보시겠습니다.

그랑 에틸라, 1800년 초, 파리판.

이렇게 유행을 타기 시작하면서, 본래 정방향 하나로도 해석할 수 있으며, 응용을 통해 역방향을 '매우 당연하게' 해석했던 주류가 밀려나고, 역방향이라는 것이 실제로 있는 것처럼 분위기가 형성되기 시작합니다. 새로 출판되는 덱에서 하나둘 역방향의 의미를 별도로 기재하게 되죠. 혁신이라면 혁신이겠지만, 해프닝이라면 해프닝이랄까요? 이런 역사적 사실에 바탕을 두자면, 역방향은 그저 잠시 동안의 거품이었습니다. 그렇기 때문에 어느 정도 경력 있는 사람들은 정방향만 봐도 된다고 말하곤 하는 것이고요. 입문자 처지에서야 갑갑할 수도 있기에 정/역방향을 나눠 키워드를 숙지하는 걸 강조하는 경우도 있습니다. 그러나 카드를 알면 알수록 정/역방향을 규정하는 행위가 헛수고라는 사실을 깨닫게 될 것입니다.

31. 정방향과 역방향(2) - 역방향의 논리

역방향, 즉 뒤집힌 카드를 어떻게 해석하면 좋을지에 대해서 많은 사람이 궁리했습니다. 그리하여 다음과 같은 논리가 등장합니다.

1. 역방향의 의미는 정방향의 키워드가 약화된 것이다

'정방향 키워드를 더욱 강조해 해석하되, 그 좋은 영향력이 어떤 제한, 제약, 방해 때문에 제대로 발휘되지 못하기에 역방향으로 표현되는 것'이라는 주장입니다. 예를 들자면 19번, 태양 카드의 정방향은 승리이자 자신감에 넘치는 상황을 뜻합니다. 이를 각각의 주장에 대입해 해석해본다면 이렇게 볼 수 있을 것입니다. 태양 카드의 역방향이 나타나 그 의미가

'약화'된다면 피로스의 승리*가 될 수 있음을 뜻한다.
'제한'된다면, 승리하더라도 대가에 한계가 있다.
'제약'이 있다면, 승리하기 위해 몇 가지 선결해야 할 문제가 있다.

등으로 해석될 수 있다는 것이죠. 저 세 가지 관점으로만 해석해도 키워드가 차고 넘칩니다.

2. 역방향의 의미는 정방향 키워드의 정반대, 완벽한 역을 취한다

'정방향을 달성하지 못하거나 정방향이 가지는 긍정적/부정적 의미가 전부 실제 뒤집혀지게 된다.'라는 주장으로 요약할 수 있겠네요. 같은 예로 태양 카드를 통해 표현하자면 이렇게 될 수 있겠습니다. 태양 카드의 역방향이 나타나 그 의미가

* 패전이나 다름없는 승리를 일컫는 말. 고대 그리스 지방인 에페이로스의 왕 피로스Pyrrhos는 로마와 두 번에 걸쳐 전쟁을 벌여 둘 다 승리했지만 장수를 많이 잃어 최후의 전투에서 패망하고 말았습니다. 그 뒤로 지나치게 많은 희생이나 대가를 치른 승리를 '피로스의 승리'라 부르게 됐죠. '실속 없는 승리', '상처뿐인 영광'과 같은 말입니다.

'반전'된다면, 당신은 경쟁자에게 패배할 것이다.

'부정'된다면, 당신의 자신감은 우물 안 개구리 수준에 지나지 않는다.

등으로 해석될 수 있겠군요. 나름 나쁘진 않군요? 그런데 여기에 함정이 있습니다. 타로카드의 상징체계, 거기에서도 좋은 덱을 판가름하는 결정적 단서가 되는 조건은 바로 **타로카드 78장에 절대 겹치는 키워드가 있을 수 없다는 것**이죠. 하나만 채택해 밀고 가도 설득력이 부족한 상황에, 겹치는 키워드가 수없이 발생합니다.

'약화'된다면 그 승리는 피로스의 승리가 될 수 있음을 뜻한다.

→ 5 of Cups, 8 of Cups 등과 겹칩니다. 5 of Cups의 감정 손상 또는 8 of Cups의 실패한 성공과 같은 뜻이 됩니다.

'제한'된다면, 승리하더라도 대가에 한계가 있다.

→ 8 of Swords, 9 of Wands 등과 겹치며 자승자박 / 상처뿐인 영광, 노력의 대가 등의 키워드와 매우 흡사해집니다.

'제약'이 있다면, 승리하기 위해 몇 가지 선결해야 할 문제가 있다.

→ 3 of Swords, 7 of Wands 등과 겹칩니다. 두 카드의 키워드를 아신다면, 이를 조합해도 쉽게 뜻을 이끌어낼 수 있습니다.

'반전'된다면, 당신은 경쟁자에게 패배할 것이다.

→ 10 of Swords, Ace of Swords.로 설명이 겹칩니다. 아니면 짧고 굵게 Ace of Swords.로도 됩니다.

'부정'된다면, 당신의 자신감은 우물 안 개구리 수준에 지나지 않는다.

→ 6 of Wands, 4 of Pentacles 등의 키워드를 조합해도 이런 해석은 쉽게 나옵니다.

슬슬 글을 읽으며 의문이 생길 겁니다. '아니, 카드에 다양하고 풍부한 키워드가 있을수록 좋은 거 아냐? 키워드 겹친다고 카드 점 못 보나?'

타로카드를 구성하는 대전제인 '타로카드 78장에는 절대 겹치는 키워드가 있을 수 없다'를 어기면 어떤 문제가 생기는지에 대해 간단히 답을 드리자면 이렇습니다. 이미 있는 키워드, 이미 표현하고 있는 내용을 왜 별도의 카드로 그려 넣어서 점을 쳐야 합니까? 그럴 바에는 다른 의미를 추가해 더 많은 내용을 다루는 게 맞지 않을까요?

32. 정방향과 역방향(3) – 해석의 오묘함

이론이야 그렇다고 칩시다. 역방향 해석이 처음부터 있었던 게 아님은 명백하니까요. 점만 잘 보면 그만이라고 하실 분도 분명 있을 것입니다. 새로운 시각이 생기고, 그 덕에 이런저런 이야깃거리가 생겼다는 것은 어떤 분야에 긍정적으로 작용하기도 합니다. 하지만 정/역방향을 동시에 쓰는 게 매우 당연한 일이고 정방향만 쓰는 것이 비효율적이라는 편견을 늘어놓는 사람이 있다는 것이며, 타로카드를 접한 지 얼마 안 된 분들께 엉뚱한 선입견을 심어줄 수도 있다는 게 문제죠. 어떻게 보든 점만 잘 맞으면 그만이라는 사람도 있습니다. 그러면 정/역을 다 썼을 때 정말 정확성이 보장될까요?

정/역방향의 의미는 사실 없지만 해석하는 상황에서 고충이 있기에 역방향을 사용하는 분이나, 정/역방향의 구분이 본인의 해석에 더 용이하다고 하는 분은 앞의 이야기에 해당하지 않습니다.

그러면, 해석할 때 어떤 문제가 발생할 수 있는지 실제 해석 예시를 들어보겠습니다.

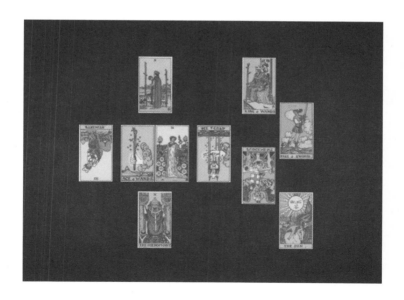

이 점은 1991년 10월 21일, 제가 그날 네 번째로 본 점의 실제 해석 사례를 카페 공식 프로그램인 타로 피시로 구현한 내용입니다. 점의 예시를 들기에 앞서 여러 가지 제한을 두고 해석하겠습니다.

1. 이 점을 볼 당시의 제 수준대로, 키워드만 사용해 해석합니다. 그러므로 읽으실 때 갑갑할 수 있습니다.
2. 정/역방향 사용 시의 해석과 정방향만 사용 시의 해석 내용을 별도로 전개합니다.
3. 이후 다시 해석을 진행하겠습니다.

질문 : 아들의 공부는?(당시 15세, 비평준화, 점을 본 분은 40대 초반)
카드 리스트: Aw-9p-5-8(r)-2w-Ac(r)-19-20(r)-Ps-Kw

이제부터 9세 남자아이의 철없는 해석 전개가 시작됩니다.

1. 정/역 전부 사용 시

Aw   뭔지 모르나 무언가를 보고 느낀 것이 있다.

9p   자기 혼자 하는 것으로는 이제 한계가 있다.

5   더 높은 수준의 공부를 하길 원하며, 다른 이들에게 공부를 통해 인정받고 있다.

8(r)   뭔가 지지부진하다는 뜻이 있으니 실제 공부에 진전이 없었던가 보다.

2w   뭔가 노리는 것이 있는 것 같다.

Ac(r)   감정이 조절되지 않아 많은 장애를 겪을 것이다.

19   본인 스스로 해낼 수 있을 것이라는 자신감을 가지고 있다.

20(r)   사람들은 이 상태가 계속되지 않을 것이라 생각한다.

Ps   목표를 달성하려 타인들을 방해할 수도 있고, 자신이 방해받을까 봐 경계하고 있다.

Kw   현명하게 계속 나아갈 것이다.

Aw	뭔지 모르나 무언가를 보고 느낀 것이 있다.
9p	자기 혼자 하는 것으로는 이제 한계가 있다.
5	더 높은 수준의 공부를 하길 원하며, 다른 이들에게 공부를 통해 인정받고 있다.
8	자신의 역량보다 높은 목표를 잡고자 했다.
2w	그렇기 때문에 그 목표를 향해 무엇을 해야 하는지 찾고 있다.
Ac	무엇을 해야 하는지 찾는 순간 그것에만 매진하게 될 것이다.
19	본인 스스로 해낼 수 있을 것이라는 자신감을 가지고 있다.
20	타인들도 이 목표는 인생의 기로가 될 것임을 말한다.
Ps	목표를 달성하기 위해 타인들을 방해할 수도 있고, 자신이 방해받을까 봐 경계하고 있다.
Kw	본인이 생각한 이 목표 설정은 스스로에게도, 타인들에게도 나이에 맞지 않은 현명함으로 인식될 것이다.

뭔가 좀 이상하죠? 같은 해석인데 왜 세 장의 카드는 해석이 바뀔까요? 이건 단순히 정/역방향의 해석 문제가 아니라 그 뒤에 이어지는 카드들을 해석하면서 '전제' 자체가 바뀌기 때문입니다.

세 장의 카드가 해석이 바뀌며 생기는 해석 차이는, 비슷한 결론을 낼지 모르나 과정에서 전제를 바꿔버리게 됩니다. 이 배열에선 8이 가장 큰 영향을 받았습니다.

뭔가 지지부진하다는 뜻이 있으니 실제 공부에 진전이 없었나 보다.
자신의 역량보다 높은 목표를 잡고자 했다.

이 둘의 시각은 엄연히 다릅니다. 그렇기에 뒤이어 이어지는 2w는 '당연히' 8의 영향을 받을 수밖에 없습니다. 이 경우, 지지부진하거나 진전이 없었다는 뜻에서 이어지는 2w는 '다른 방안을 모색'한다는 키워드 자체는 유지되나 그 뉘앙스에서 긍정적인 내용을 찾기 힘들어집니다. 이는 이후 이어지는 Ac에서 확정되죠.

'우유부단'했기에 → '다른 방안을 모색'했지만 → '감정 폭발'

이렇게 이어지는 키워드에서 과연 긍정적인 결과를 끌어낼 수 있을까요?

'자신의 역량보다 높은 목표를 잡았기에' → '그 방안을 모색'하고 → '오로지 그것에만 매진*'한다.

이렇게 이어지는 키워드에서 더 현실적인 내용을 관찰할 수 있지 않을까요? 물론 뒤에 이어지는 카드들이 엉망진창이라면 모르겠습니다만, 적어도 이 '같은 키워드'에서 나타나는 '다른 서술'이 가지는 의미가 얼마나 큰 오차를 포괄할 수 있을지 상상하는 건 어렵지 않으실 겁니다. 이것이 바로 정/역방향을 동시에 사용할 때, 엉뚱하게 드러나는 키워드를 적용하는 오류의 좋은 예시입니다.

8(r)의 뜻은 우유부단을 비롯해 되도 않는 고집으로까지 표현할 수 있습니다. Ac(r)은 과도한 감정 분출로 해석할 수 있으며, 이 때문에 주변까지 민폐를 끼칠 수 있다는 내용으로 전락합니다. 20(r)은 지나간 것의 부활을 의미합니다. 일반적인 부활이 아니라, 과거의 좋지 않은 내용이 부활한다는 뜻으로 변합니다. 또한 최종 결론을 내는 것까지는 정방향과 같지만, 그 최종 결론이 옳지 않다는 점을 지적하는 카드로 바뀌죠. 이후 드러나는 심판에 역방향 해석만 부가한다면, 이 수험생은 그저 되도 않는 5등급 성적표로 서울대 입학을 알아보는 바보로 전락할 수도 있습니다. 문제는 그렇게 해석해버리면 마지막 Kw가 전체 해석에서 혼자 이상해진다는 것이죠.

이 정도면 정/역방향의 무조건적 구분이 오히려 해석에 문제를 일으킬 수 있다는 점이 충분히 드러나지 않나요? 이조차 '점 보는 사람 각각의 시각차'라고 해버린다면 저로서는 더 설득할 말이 없습니다. 제 나름대로 데이터베이스의 중요성을 강조하는 것이기도 합니다.

* Ace of Cups.의 키워드 가운데 가장 큰 의미를 차지하는 것으로 '온 마음으로 무엇을 느끼다'가 있습니다.

자, 그럼 다시 해석해보겠습니다.

Aw-9p-5-8(r)-2w-Ac(r)-19-20(r)-Ps-Kw

기본적으로 이 사람은 엄밀히 말하자면 지식, 그것도 세상 전반을 통찰하는 지식 자체에 대한 흥미가 강하다. 또한 공부를 함으로써 향후 자신의 진로에 대한 뚜렷한 의식이 있으며, 다른 것은 몰라도 출세욕이 강하기에 자신이 할 수 있는 가장 단순한 것(공부)에 매진, 학력을 통한 출세를 염두에 두고 있다. 그러므로 실제 기록에 따른 성적 최고위 학교보다 인맥과 공부 성적을 둘 다 쌓고 증명할 수 있는 학교를 지망하게 될 것이며, 이 경우 이 사람이 지망할 최선의 입지는 단 한 곳, 경기고등학교다. 수단, 방법, 학연, 지연을 막론하고 무조건 합격해야 하며, 사소한 방해를 넘어 자신을 막는 시도가 있다면 이를 적극적으로 방어/대처해야 한다. 결과적으로는 합격할 것이다. 이미 위와 같은 생각을 품고 행동한다는 것은 자신의 15년 남짓한 삶에서 어떤 큰 사건이나 무의식적인 가정교육, 때로는 재능 자체에서 발화한 것이기 때문이다. 공부는 앞으로도 계속 잘하게 될 것이다.*

앞의 글을 보셨다면, 제가 하려는 이야기가 무엇인지 알 수 있을 겁니다. 역방향 키워드를 굳이 나누지 않아도 본래의 카드 키워드에만 충실하면 해석하는 데 전혀 문제없다는 것이죠. 그렇기에 굳이 정/역을 나누고 싶다면 단순히 방향에만 매달리지 말고, '이 카드에는 이런 점도 있을 수 있다' 정도로 생각하면 됩니다. 그리고 해석에서 해당 카드의 부정적인 면이 어떻게 드러나는지 확인하며 자신의 실력을 키워 나간다면, 어느새 정/역방향의 무의미함을 스스로 깨닫게 될 것입니다. 중요한 건 그림의 방향이 아니라 해석력이니까요.

정/역방향 무조건 나눠 써야 숨겨진 키워드를 다 안다는 식으로 말하는 사람을 보면 답답하긴 합니다. 그렇다고 해서 정/역방향 구

---

* 피드백: 이 자제분은 당시 15세. 그 뒤 경기고등학교에 입학했습니다. 개천의 물뱀이 이무기가 되는 데 성공했죠. 용이 됐는지는 생략하겠습니다.

분 자체를 나쁘게 보는 것은 아닙니다. 키워드를 빨리 이해할 수 있도록 도와주는 방편이 되기도 하니까요.

33. 하루 읽기의 효용성

하루 읽기, 데일리 리딩이 어디에 도움이 될까요? 설명하려면 제 경험담을 이야기하는 게 제일 쉽겠죠.

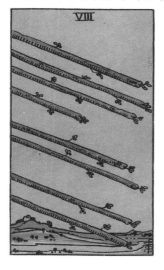

여러분은 8 of Wands라 하면 무엇이 떠오르나요? 이 카드의 이해를 방해하는 결정적 요소는 '카드에 아무것도 없다'입니다. 그냥 마법봉 8개만 편대비행하고 있거든요. 여기서 무슨 키워드를 뽑을 수 있을까요? 이럴 땐 매뉴얼을 봐야겠죠. 제 머메이드Mermaid 덱에는 '이동, 속도, 멈출 수 없는 현재'라는 키워드들이 등재돼 있습니다. 실제로 8 of Wands라고 하면 '속도감' 하나로 전부 설명할 수 있습니다. 이는 '이동'과도 연관 있고, 속도감 때문에 '멈출 수 없는 현재'까지 이끌어낼 수 있습니다. 저는 여기에 이 카드의 이미지 리딩*을 더해 '사선斜線'이라는 데 착안해서 키워드를 뽑아냈습니다.

자, 그러면 이 카드를 읽어내는 데 무엇이 더 필요할까요? 첫째로 애석하게도 이 카드의 키워드는 매뉴얼에 등재된 저 세 가지로 끝나

---

* 그림이 어떤 의미를 품고 있는지 해석하는 과정을 뜻하는 콩글리시입니다. 본래는 그림 속의 상징과 도상의 의미를 통해 타로카드에 부여된 의미를 매뉴얼에 수록된 키워드보다 확장하는 기법을 통칭했으나, 그에 따른 논거가 준비되지 않거나 해석에 적용할 수 없는 경우들이 혼재되면서 의미가 퇴색된 상태입니다. 전통적인 미학의 관점에서 이루어지는 이런 행위들은 오히려 도상학Iconography이나 알레고리allegory에 가깝죠.

최초로 이미지 리딩을 언급한 곳은 불명확하며, 보편적으로 2000년경부터 PC통신 동호회를 중심으로 퍼져 나간 용어로 확인됩니다. 그 당시 일어난 인격화 논쟁 때문에 타로카드에 포함된 매뉴얼을 통한 해석 외의 키워드를 설명하거나 납득시키고자 만들어진 개념으로 추측됩니다.

지 않으며, 둘째로 당연하게도 '사선', '속도감'은 나머지 키워드를 배제한 채 이끌어낸 공통점입니다. 당시에 제가 가지고 있던 '사선'은 카드의 여러 의미를 끌어낼 수 있었지만, 아무래도 재고가 필요하다는 점이 문제였죠. 여태껏 하루 읽기를 하며 8 of Wands는 총 3번 등장했습니다. 하나하나 풀어볼까요?

첫 번째로 등장한 날은 학기 중이었습니다. 말 그대로 엄청난 속도로 흘러간 날이었죠. 수업에 치여, 과제에 치여, 선후배 관계에 치여. 더불어 시험 기간이기도 했으니, 열심히 이것저것 하다 보니 어느새 밤. 그런 날이었습니다.

두 번째로 등장한 날은 방학 중이었습니다. 전날 밤새 술을 잔뜩 퍼마셨죠. 일어나니 저녁이었습니다.

세 번째로 등장한 날은 이 글을 쓴 날입니다. 이 날은 첫 번째 날과 비슷했죠. 어제 전환점(x)을 맞아, 오늘은 열심히 흘러왔습니다. 하루 읽기를 세 번 거치면서 결국 얻게 된 결론은, 8 of Wands가 하나의 거대한 흐름을 제시하며 해석자 또는 질문자가 이를 어떻게 조절할 것인가를 환기한다는 겁니다.

위에 예시한 날들은 모두 순식간에 흘러갔습니다. 첫 번째와 세 번째 날은 유익하게 보낸 정방향, 두 번째 날은 흐름을 따라가지 못한 역방향이라 할 수 있겠죠. 위의 내용으로 말미암아, 하루 읽기가 카드를 공부하는 데 어떤 의미를 지니는지 대충 아시리라 생각합니다. 이론상으로 맨 땅에 헤딩을 하는 것도 좋은 공부법이고, 키워드를 이용하여 직접 해석해보는 것도 좋은 방법이지만, 아무래도 본인의 경험에 비추어 이해하는 게 가장 쉬우리라 생각합니다.

이런 의미에서 하루 읽기는 가장 확실하고도 빠르게 피드백이 나오는 원카드 배열이라 할 수 있지 않을까요?

이 글은 네이버 카페 '타로카드; 최종 결론'의 시크리드sicrid님의 글을 허락하에 편집해 수록했습니다. (원문 링크 http://cafe.naver.com/tarotforultinum/2691)

34. 제너럴 리딩General Reading이란?

최근 유튜브 등 방송, 동영상 스트리밍 사이트를 통해 퍼지고 있는 방법입니다. 이 방법은 흔히 다음과 같은 순서로 이루어집니다.

1. 해석자가 미리 주제를 선정한다.
2. 그 뒤 3장 이상의 카드를 (그림이 안 보이게) 펼쳐둔다.
3. 시청자에게 임의로 카드를 선택하게 한다.
4. 각각의 주제에 맞춰 카드의 의미를 설명한다.
5. 시청자가 알아서 해당 내용을 해석해 받아들인다.

이는 해외에서 유행했던 카드 한 장 뽑기Pick a Card라는 콘텐츠를 마땅히 번역할 만한 명칭이 없다 보니 제너럴 리딩이라고 번역한 것으로 보입니다. 왜 '일반적인General'이라는 단어로 번역했는지 이해하기 힘들더군요.

이 방식은 타로카드를 잘 모르는 사람도 쉽게 이해할 수 있으며, 누구나 쉽게 타로카드 점을 체험할 수 있다는 장점이 있습니다.
그러나 그 밖의 장점은 없습니다.
단점으로는 당장 78장으로 많은 이의 수많은 삶의 궤적을 한 번에 모두 표현할 수 없다는 점부터 시작해, 이 방식이 본래 타로카드를 사용하는 방법과 다르다는 것을 충분히 설명하지 않아 타로카드에 대한 오해를 낳게 될 수 있다는 것을 들 수 있겠습니다.
〈겨울연가〉 때문에 해석자들이 '이게 제 운명의 카드인가요?', '왜 저한테 카드 안 주세요?'라는 말을 들었듯 말이죠.
최악의 경우 자기 홍보 등의 여론 몰이나 흥미 본위만으로 접근해 수익을 창출하려는 상술이 범람할 여지도 있습니다.

그렇기에 어디까지나 흥미·재미 위주의 방식일 뿐, 실제 타로카드를 통해 점을 보는 과정과 크게 다르다는 점을 안내하고자 합니다.

35. 르노르망Lenormand과 타로카드의 차이점

타로카드는 놀이 문화에서 점으로 안착한 경우라고 할 수 있습니다. 이런 사례로는 일본에서 유래한 하나후다花札를 화투花鬪로 부르며 이를 이용해 하루하루의 점을 치던 방식을 예로 들 수 있습니다.

그러나 르노르망(레노먼드) 카드는 서양 문화권에서 직접 카드를 기획/제작해 점술로 개량한 희귀 사례입니다. 또한, 당시 유럽 사회에 유행하던 점술에 무엇이 있었는지 확인할 수 있는 좋은 역사 문화 교보재라 할 수 있습니다.

르노르망을 만든 마리-안 아델라이드 르노르망Marie-Anne Adelaide Lenormand(1772-1843)은 파리로 상경, 상점에 취직해 일하면서 타로카드(에틸라/에테이아Etteilla 덱)을 배웠고, 이를 응용하는 과정에서 당대 유행했거나 전래한 점술을 융합하며 더 보편적이면서 익숙한 신화적 개념들을 카드에 도입해 독자적 체계를 갖춘 르노르망 카드를 만들었습니다.

다시 말해 타로카드의 영향을 받았으나, 독자적 체계를 적용하고 이를 실전에 활용해 명성을 얻은 경우라 할 수 있습니다.

이 시기의 프랑스는 혼란스러웠기에(이 책의 '정방향-역방향에 대해' 참고) 더 즉각적인 답을 원한 사람들이 기존 타로카드의 방식보다 르노르망의 방식이나 메커니즘을 선호했던 것으로 보이며, 그 자신의 특출함으로 세상에 자신의 체계를 유행시키는 데 성공한 경우라 할 수 있습니다.

이에 더해 르노르망의 점사 사례나 그녀에게 자문했던 이들의 유명세 덕분에 큰 명성을 얻었다고 할 수 있습니다.

그렇다면 르노르망과 타로카드의 차이점은 무엇일까요?

기본적으로 르노르망은 당대 유행했던 오컬트 요소들을 배제했습니다. 대신 이를 친숙한 신화(이아손의 황금 양털 신화, 트로이 신화 등)

로 바꿔 사람들이 쉽게 상황을 연상할 수 있도록 조정했으며, 오컬트적인 요소를 쓰더라도 이를 곧바로 유추하기 쉽도록 직접적인 표현들로 꾸몄죠(연금술, 점성술, 흑점 등).

이를 통해 얻을 수 있는 장점은 다음과 같습니다.

1. 점에 대한 거부감을 줄일 수 있다.
2. 풍부한 기호들로 해독의 구체성을 더한다.
3. 즉각적인 답을 얻어낼 수 있다.
4. 해당 내용에 대한 직접적인 출처가 비교적 명확하다.

이는 당시 유행하던 타로카드 및 다른 점술의 모호함을 극복하는 데 도움이 됐을 것입니다. 정방향/역방향에 따른 해석 문제나 출처가 불명확한 내용으로 타로카드의 장점이 틀을 갖추기 전이었기에 사람들의 시선을 더 끄는 효과도 있었으리라 봅니다. 이는 라이더-웨이트 덱에도 영향을 미쳤을 것이라고 추측됩니다.

그러나 장점이 도드라지면 반대급부로 단점도 뚜렷해집니다.

1. 다양한 분야에 대한 파악을 요구한다.
2. (상대적으로) 각 요소의 균일한 적용이 어렵다.

이 두 가지를 대표적인 단점으로 꼽을 수 있습니다.

이런 르노르망의 시도는 타로카드에서도 이루어졌습니다. 『타로카드 100배 즐기기』, 『럭키 타로북』의 저자 레이철 폴락Rachel Pollock은 룬 캐스팅, 주역을 타로카드에 접목하려는 시도로 하인들Haindl 덱을 만들었으며, 그 뒤 조지프 어니스트 마틴Joseph Ernest Martin의 퀘스트Quest 덱에까지 직간접적으로 영향을 끼칩니다.

하지만 두 덱 모두 완성도나 파급력에서 부족한 부분이 발견되곤 하죠.

르노르망은 이런 시도를 최초로 해냈으며, 실제 해석까지 구현해 냈다는 점에서 높은 평가를 받아야 할 것입니다.

다만 그 뒤로 타로카드가 일관된 주제를 적용한 그림을 통해 해석하는 방식으로 개정된 뒤(라이더-웨이트 덱), 르노르망과 타로카드는 비슷하지만 다른 길을 걷게 됩니다.

타로카드는 낭만주의 미학을 적용해 카드의 의미와 상징을 통한 예지와 예언을 기초로 '사람의 성장'을 기본 개념으로 삼아 해석하게 됩니다. 물론 이 과정에서 모호한 부분이 생기거나 특정 시점을 잡아내는 문제가 어려워졌다는 단점이 있으나, 궁극적으로 자신의 성장과 발전을 위해 무엇을 해야 할지를 다양하고 다각적으로 보여주는 도구로써 자리 잡았습니다.

반대로 르노르망은 이미 완성된 우리가 어떤 선택을 통해 무엇에 도달하거나 어떤 결과물을 얻는지에 집중합니다. 그렇기에 질문에 대해 예/아니오로 뚜렷한 답을 얻을 수 있으며, 이를 참고해 계획을 어떻게 수립/변경할지 확인할 수 있다는 차이가 있습니다.

다만 이런 비교는 어디까지나 카드 점Cartomancy이라는 분야 안에서 생긴 작은 차이일 뿐입니다. 이제 타로카드와 르노르망은 독자적인 장르로 분리됐으니까요.

이 글의 작성에 도움을 주신 『미래를 보는 그랑 르노르망 카드』의 저자 김세리 선생님께 감사드립니다.

제3부

타로카드에 관한 오해와
올바른 접근법

36. 키워드의 이해와 검증 방법(1)

많은 분들이 키워드를 단순히 외우는 것에 그치고, 이를 응용하기 바쁩니다. 정작 그 키워드들이 어떻게 나왔는지 알려면 그림을 읽는 작업을 거쳐야 하는데, 이를 건너뛰다 보니 해석에 오류가 생겨도 이를 인식하지 못하곤 합니다. 그렇게 점차 키워드 중심에서 벗어나 멋대로 읽기 시작하면 끔찍한 일이 벌어지고 맙니다. 이 부분은 예시를 통해 볼 수밖엔 없으니, 다음 글에서 더 언급하도록 하겠습니다.

왜 키워드를 암기하고 쓰는 데서 멈추지 않고 '이해'해야 할까요? 이는 단순하게 일차적 의미만 추린 키워드로 해석할 수 있는 내용이 너무나도 뻔하거나 한계가 있기 때문입니다. 어떤 카드든 다양한 키워드가 있지만 모든 키워드를 전부 다 외우는 사람은 없다시피 합니다. 그 이유는 다양합니다.

5. 키워드 봐봤자 어차피 그림 보고 감으로 때려 맞히면 맞더라, 그러니 키워드는 아무런 의미가 없다.
4. 대충 외우고 귀찮으니 패스. 맞으면 장땡이지.
3. 키워드를 진짜 전부 다 외워서 해버리면 그만이므로 그림 따위 신경 쓰지 않고 다 외울 것이다.
2. 어쨌든, 흡사한 지식을 통해서라도 유추해내고, 이를 나중에라도 증명하면 되는 것 아닌가?
1. 중추 키워드를 통해 이해하면 다른 모든 키워드를 알 수 있기 때문에 외울 필요가 없다.

왜 역순이냐면, 최악에서 최선을 언급해야 그나마 덜 답답해하실 것 같아서입니다. 대략 위의 다섯 가지로 분류할 수 있습니다. 이제 이 관점들을 하나하나 해체해보도록 하겠습니다. 나아가 이런 식의 리딩을 하는 사람들을 경계해야 하는 이유를 지금부터 설명해드리도록 하겠습니다.

37. 키워드의 이해와 검증 방법(2)

여기서 타로카드를 처음 배우시는 분들을 비난할 생각은 없습니다. 다만, 최소 5년 넘게 경력을 쌓은 사람들이 입문자에게 잘못된 지식을 퍼뜨리는 상황을 바로잡고자 합니다.

누구나 처음에는 이런 과정을 겪을 수 있습니다. 저도 이런 실수를 저지른 적 있으며, 시행착오를 거듭하기도 했습니다. 누구나 실수할 수 있지만, 실수를 알고 고치며 스스로 더 나은 방법을 찾아내려 노력한다면 이제부터 나올 문제들을 겪지 않고 실력을 키울 수 있으니 너무 겁먹거나 걱정하지 않으셔도 됩니다.

이제부터 여러분은 키워드의 이해와 검증 절차를 거치지 않았던 사람들에게 나타난 여러 부작용을 보게 될 것입니다. 이를 타산지석 삼아 같은 실수를 반복하지 않고 어긋난 길을 걷거나 남을 이끌지 않도록 조심한다면, 이 글을 쓴 보람이 있을 것 같습니다.

5. 키워드 봐봤자 어차피 그림 보고 감으로 때려 맞히면 맞더라, 그러니 키워드는 아무런 의미 없다

쉽게 말해 이런 사람들은 다음과 같이 구분할 수 있습니다.

1. 엉뚱한 목적(작업 같은)으로 쓰려고 작정한 경우
2. 취미로 자기 주변의 몇몇 사람에게만 봐주려고 한 경우
3. 사놓고 흥미가 떨어져 아예 안 잡는 경우
4. 그림이 예뻐서 카드를 산 경우

보통 이 가운데 하나에 속합니다. 가장 악질적인 첫 번째의 경우에는, 키워드 없이 오로지 화술로 풀이하기에 카드에 대해 약간의 정보만 있어도 걸러낼 수 있습니다. 이런 경우는 어떻게든 질문자와 인연을 이어보려는 술수로 가득 찬 이야기를 하거나, 다른 방향으로 화제를 옮겨 상대의 정보를 빼내고, 이를 통해 점을 가장한 **콜드 리딩**Cold

Reading*을 하죠.

예를 들어 2 of Cups처럼 좋은 뜻의 카드가 나오면 '당신과 내가 인연이라는 뜻이에요' 식으로 해석하곤 합니다. 그게 어디 카드 한 장으로 이끌어낼 수 있을 리 없죠. 10 of Swords 같은 카드도 어떻게든 좋게 말하려는 게 보일 정도니…… 여기서 더 악질적으로 빠지면 카드 마술을 응용하기까지 합니다.

카드의 그림 말고, 카드의 지식을 통해 정확한 내용을 찔러보면 금방 밑천이 드러나는 인간 군상입니다.

두 번째의 경우엔 따로 언급할 내용이 없습니다. 어차피 그의 주변 친구들도 그 내용을 믿지 않기 때문입니다(실제로, 점 내용을 다른 해석자에게 재질문/확인하는 경우가 많습니다). 거기에다, 실제로 점을 봐준 사람조차도 큰 의미를 두지 않습니다. 그저 카드를 가지고 주변 사람과 대화를 이어갈 수 있다는 점에서 재미를 느끼는 것이죠. 그렇기에 당연히 키워드에 대한 내용을 굳이 기억할 필요도 없을 뿐더러, 해석하는 상황에서조차 일일이 매뉴얼을 보고 해결하는 데 아무런 거리낌이 없습니다. 역설적으로 그렇기에 큰 틀을 벗어나지는 않습니다.

세 번째의 경우는 구매 당시 중·고등학교 학생이었던 사람들에게

---

* 심리학적 방법을 이용해 표정이나 반응 등을 통해 사람의 심리를 파악하는 것을 일컫는 말입니다. 후자의 의미에서 콜드 리딩을 하는 사람을 콜드 리더라고 부르며, 이들은 몸짓언어(보디랭귀지), 음색과 억양, 패션, 헤어스타일, 성별, 성적 취향, 종교, 인종, 민족성, 교육 수준, 말하는 방식 등을 주의 깊게 분석해 상대의 속마음을 간파합니다. 또 상대의 과거와 현재를 파악하고, 미래를 예측하는 데 이 기술을 사용하기도 하고요.

고도의 심리학 기술인 콜드 리딩은 전문적으로 심리를 다루는 점쟁이, 심리 치료사 등이 악용할 수 있습니다. 이들은 이를 통해 상대의 비밀을 털어놓게 하거나 자신들의 말을 무조건 믿게 만들게 만들죠. 점쟁이 등의 콜드 리더는 상담자로 하여금 상담자 본인이 알고 있는 자신의 모습보다 그들이 자신을 더 잘 알고 있다고 믿게끔 만들어 신비한 능력을 갖춘 것처럼 포장하기도 하고, 상대를 조정하는 데 이용하기도 합니다.

두산백과사전(http://terms.naver.com/entry.nhn?docId=1351835&cid=40942&category-Id=31531) 참고.

서 가장 많이 나타납니다. 보통 20대 초반 전까지 타로카드가 있다는 것을 알고 흥미가 생기는 경우라면 모를까, 흥미를 갖기 시작한 상태에서 주변 호응이나 관련 정보가 들어오지 않으면 금세 관심을 잃습니다. 해석도 두 번째 경우와 별반 다르지 않습니다.

네 번째의 경우는 대부분 순수 미술, 일러스트레이터, 애니메이션 등 그림과 관련한 장르에 관심이 있거나, 심미안적 관점에서 취향에 맞아 카드를 소장하게 된 경우입니다. 당연히 이런 분들은 키워드에 관심 없는 경우가 많으며, 정보를 얻어도 시큰둥한 반응을 보입니다. 간혹 타로카드 자체에 녹아든 그림 기법이나 표현 방법을 통해 본인의 그림에 참고하는 경우도 있습니다. 그리고 그런 상태에서 몇 년이 흐르고, 최근 일고 있는 2차 창작계의 타로카드 제작 붐에 힘입어, 무언가를 시도하려 합니다. 다만, 과거와 달리 이제는 타로카드를 그릴 때 필요한 지식을 알려줄 사람이 거의 없는 것이 현실입니다.

여담입니다만, 10년 전만 해도 흥미를 가지고 타로카드를 직접 만들어보려던 분이 많았으며, 실제로 제작된 덱도 여럿 있었습니다. ACA* 행사에서 이런 덱들을 볼 수 있었죠. 당시엔 의욕이 넘쳤으나, 지식이 부족해 완성도가 떨어지는 덱이 대부분이었습니다. 물론 인터넷 검색으로 어떻게든 더 많은 자료를 탐색할 수 있었겠지만, 이미 커뮤니티들이 폐쇄적으로 변하던 시점이었죠. 조금만 더 빨리 시도했다면, 양질의 국산 덱이 탄생했을 수도 있었겠죠.

현재는 덱을 제작하는 데 필요한 기초 자료도 없는데다, 잘못 알려

---

* 전국아마추어만화동아리연합Amateur Comics Association. 1989년 창단한 단체로 단순한 동호회 모임에서 시작해 창작자 모임을 지향했습니다. 1991년 부터 만화 관련 1, 2차 창작물을 유통하는 경로로 널리 알려지기 시작했고 그 이듬해인 1992년부터는 코스튬 플레이 행사를 겸해 반기마다 전시, 판매전을 진행했습니다. 애니메이션·만화 관련 행사를 국내 최초로 시작한 곳이었으나 코믹월드 행사가 등장한 뒤로 쇠퇴일로를 걸었으며, 26회를 마지막으로 행사가 개최되지 않았습니다.
〈'한국만화의 내일'을 맡겨라〉,《경향신문》1995년 7월 29일 자 27면; 〈아마추어만화연합 '만화축제'〉,《경향신문》1999년 8월 10일 자 27면; 〈국내 동인지&동인 행사의 역사〉(http://mirugi.com/k/com/ktacj080.html) 참고.

진 내용이 많아 혼란에 빠지기 쉽고, 명확한 고증 없이 구도나 상징물을 단순히 차용한 수준에 머무르는 경우가 많습니다. 안타까운 일이죠. 사람들에게 와 닿을 수 있는 걸작이 하루빨리 나와야 할 상황입니다. 그리고 분명 많은 분이 덱 제작에 도전하고 싶어 하실 것이라 생각합니다. 현실적으로 타로카드 덱 하나만 그려도 78장의 포트폴리오가 완성되는 것이니까요.

간략히 정리하자면, 이 단계에 있는 분들은 호기심이나 약간의 흥미는 분명히 있었으나 이끌어줄 사람도, 콘텐츠도 없던 시기였기에 금세 흥미가 떨어져버리면서 (타로카드 업계 입장에선) 놓쳐버린 시장 가운데 하나라고 볼 수 있습니다.

38. 감성 리딩?

5. 키워드 봐봤자 어차피 그림 보고 감으로 때려 맞히면 맞더라, 그러니 키워드는 아무런 의미 없다

이 글에 이어지는 글 두세 편에서는 5번 항목만 이야기할 것입니다. 5번 문항을 극단적으로 드러내주는 주장이 비교적 최근 등장한 개념인 감성 리딩Emotion Reading입니다. 참고로 당시 이 명칭을 처음 붙인 분은 이 개념을 비판하려고 했던 것으로 확인됐습니다.

최소 2006년 전부터 이런 논담이 있었으리라 생각합니다. 저는 그 당시 막 군대에서 제대한 참이어서 어떤 일들이 벌어졌는지는 자세히 알지 못합니다.

감성 리딩의 내용은 간단합니다. 다음의 두 가지 방법만 이용하면 타로카드로 다 맞힐 수 있다는 주장이죠.

1. 그림을 보고 해석자 본인의 마음에 어떤 이미지가 다가왔으며, 어떤 감정을 느꼈는지를 그대로 해석에 사용하라.
2. 그림에 나타난 감정 상태가 어떨지 공감해 해석에 이용하라.
3. 그게 바로 정답이다.

이 주장은 문자 그대로 보면 사람의 감성을 자극하는 바가 있기에 아무것도 모른 채 이를 따르기 쉽습니다. 하지만 카드의 그림에 장치된 수많은 내용을 무시하고, 오로지 해석자의 감정과 느낌만 가지고 해석하는 건 말 그대로 선무당이 사람 잡기에 딱 좋습니다.

스프레드까지 갈 것도 없이 카드 한 장으로 예를 들어보죠.

4 of Pentacles의 경우, 누가 봐도 집착이나 고집 부리는 모습으로 보입니다. 그림이 친절하기에 키워드도 쉽게 나오는 편이죠. 그러나 실제 카드를 '느끼는' 것으로만 해석하게 된다면 어떨까요?

감성 리딩은 해석자가 느끼는 것에 바탕을 두기 때문에, 만약 질문자가 공복에 배가 고픈 상태라도 해석자가 며칠 동안 화장실을 가지 못해 배가 더부룩한 상태라면 변비로 해석하게 됩니다. 감성 리딩의 주장대로라면 이를 당연하게 여기게 되는 것이고요.

질문자는 배가 고픈데, 카드의 해석이 변비라니, 그게 말이 된다고 생각하시나요?

물론 저 카드는 변비로 해석할 수 있는 경우가 있긴 합니다만, 그 방법이 전혀 다릅니다(제 나름의 풀이는 이 글 맨 마지막에 있습니다). 자, 이런 리딩을 하는 사람들에게 이유를 말해보라 하면, 필시 아래와 같이 대응할 겁니다.

주장

0번 믿음이 부족하다. 각박하게 반응하는 걸 보니 힐링이 필요한 듯하다.

1번 나는 내 맘대로 읽어야 잘 맞히기 때문에 배울 필요를 느끼지 못한다.

2번 내가 그렇게 읽겠다는데 무슨 상관이냐?

3번 지금까지 내가 이렇게 해석해서 맞힌 게 한두 번이 아니다.

4번 난 이걸 공식으로 구현했다!

반박

0번 굳이 이런 것까지 언급해야 하나 싶지만 실제로 들었기 때문에 어쩔 수 없이 씁니다. 그냥 무시하시면 됩니다.

1번 들을 필요도, 가치도 없습니다. 그렇게 감이 좋다면 타로카드를 쓸 이유도 없지 않을까요?

2번 문화의 상대성이나 취향 존중을 논하기 전에, 이런 엉터리 해석을 믿고 잘못된 선택으로 인생을 망칠 수도 있는 사람을 배려하는 게 먼저입니다.

3번 1. 그래서 그렇게 맞힌 점의 데이터베이스를 쌓아오셨나요?

2. 그 맞힌 현상이 같은 배열, 같은 주제에서도 언제나 똑같이 쓰일 수 있는 범용적 해석인가요?

3. 어째서 그 방법을 써서 같은 해석이 되지 않을까요?

4. 똑같이 나오지 않는 해석을 규칙이라고 할 수 있을까요?

<u>4번</u> 이 경지까지 이른 경우에 대해선 다음 글에서 이야기하겠습니다. 그래도 어떤 가설까지 닿았다고 생각해 발표한 것이니 들여다볼 가치가 있겠죠. 개인적으로 최근 10년 동안 벌어진 촌극 가운데 열 손가락 안에 꼽을 만한 문제라고 생각합니다.

4 of Pentacles를 '변비'로 해석하려면 다음과 같은 과정이 선결돼야 합니다. 기본적으로 건강에 대한 점이어야 하며, 그 가운데 다른 카드들로 말미암아 소화기관과 관련한 내용임을 확인했을 때, 특정 카드들과 조합해 연계 해석을 한다면 가능하다고 봅니다.

39. 신격화에 대해

신격화란, 어떤 사물에 신이 깃들어 있다 생각하고 이를 숭배, 존중하는 것을 말합니다.

타로카드의 신격화란, 타로카드를 신처럼 모시며 자신의 타로카드를 건드리면 카드에 깃든 신성을 침해한 것으로 인식해 극단적인 반응을 보이거나, 자신의 리딩은 타로카드를 통해 '신탁'받은 것이므로 절대 틀릴 리 없음을 강조하는 상태를 말합니다.

자신이 제대로 알지 못하는 상태에서 그림만 보고 맞추는 것을 도구의 뛰어남으로 여기지 않고 어떤 오컬트적 제3자가 자신을 지켜보거나 타로카드에 부여돼 있다고 믿는 것입니다.

1960년대 후반 뉴에이지의 산물인 오라클에서 기원했으리라 보기도 합니다. 오라클의 작동 원리는 논리적으로는 '전혀 없으며' 단순 명상이나 채널링을 통한 일방적 '지시=신탁Oracle'에 가까운 해석을 하기 때문이죠. 100년 전의 토트/라이더-웨이트 덱에도 이런 요소가 일부 있었으며, 이를 의도적으로 배치한 부분도 있기에 자연스레 읽힌 현상을 카드에 신성이 있다고 착각하면서 구전으로 이어지며 악화된 것은 아닌가 추측합니다(가설일 뿐이지만, 종말론을 부추겼던 여러 사이비 종단에서 타로카드를 수행 도구로 삼고, 여기에 이상한 논리를 가미해 신격화를 정당화했을 수도 있습니다).

40. 인격화에 대해

인격화란, 어떤 사물에 인격이 깃들어 있다 생각하고 이를 존중하거나 애완동물처럼 대하는 것을 말합니다.

타로카드의 인격화란, 타로카드를 하나의 인격으로 취급하며 자신의 타로카드를 건드리면 카드에 깃든 인격의 침해로 인식해 극단적인 반응을 보이거나, 자신의 리딩은 타로카드 안의 인격이 운명을 살짝 엿보고 말해주었다든가 또는 카드의 성격을 단정짓고는 이런 조언을 해줄 것이라며 그것이 절대 틀릴 수 없다고 강조하는 상태입니다.

1990년대~2000년대 초반 오프라인 커뮤니티 및 프리챌 모 커뮤니티의 유저가 자신 주변의 몇몇 인물을 인격화하며, 자신들이 다루던 덱이 인격을 형성했기에 적중률이 뛰어나다는 식의 이야기를 한 것이 증언을 통해 확인한 가장 오래된 기원입니다. 폐쇄적인 사이트와 애니메이션 관련 커뮤니티에서 몇몇 인물이 자신의 덱에 특정 인격이 있으며 그에 따른 설정(심지어 정화에 관련된 절차까지도 마음대로 편집해 부여함)을 토대로 인격화를 한 경우가 있었습니다.

그 뒤 소규모 동인 커뮤니티들을 통해 확산되기 시작했으며, 사태가 심각해질 즈음엔 대형 커뮤니티에서도 파벌을 형성해 자신들의 목소리를 높여갔습니다. 웹으로 갓 나온 초보자를 현혹하기 딱 좋은 내용이었죠. 아무 생각 없이 카드에 인격을 부여하고 그를 기반으로 해석하면, 잘못되더라도 해석자 책임이 아니라 카드의 성격 탓으로 치부해 넘어갈 수 있었으니까요.

사실 인격화는 사용법이 잘못됐을 뿐, 카드의 이해를 돕는 부분도 있습니다. 해당 카드에 등장하는 사람의 심리나 상황을 자신이 직접 대면해봄으로써 키워드에 다가가는 과정을 자연스럽게 만들어주는 효과가 있기 때문입니다. 또한 무분별한 사용에 앞서, 자신이 이해하는 세상 자체를 카드에 투영하고, 이를 통해 자신 있게 해석할 수 있도록 만들어준다는 점에서 입문자에게는 딱딱한 매뉴얼보다 더 접근성이 좋은 방법이기도 합니다. 특히 코트 수트는 이런 인격화를 거치지 않고서는 키워드가 왜 나오는지조차 깨닫지 못하는 경우도 많았기에, 입문자용으로 쉽게 설명하는 데 하나의 연극 장치처럼 쓰이기도 했습니다.

이와 다른 면에서 정령술이나 오컬트와 결부한 사람도 있었으나 그에 따른 정확한 논리나 근거를 대지 못해 사라졌습니다.

어떤 이들은 이 문제에 관해서, '인격화'를 하지 말고 '의인화'를 하면 해결될 문제라고 주장하기도 했죠.

인격화 문제는, 당시 커뮤니티에 유입됐던 인구 대다수가 10대 중후반이었기에 접근성을 높이려 시도했던 것의 부작용 및 개인 취향을 타인에게 강요하려 했던 몇몇 인물의 잘못된 방식이 퍼져 나갔던 것이라 볼 수 있습니다. 아직도 인격화 문제는 남아 있죠. 해당 커뮤니티들이 활발하지는 않지만, 개인의 취향으로 자리잡되 타인에게 권하지 않는 것을 표방한 채 혼자서 인격화를 하는 사람이 여전히 있습니다.

물론 취향은 존중해야겠죠. 그들이 권하지 않는다고 전제한다면요. 어차피 이 책을 읽을 여러분들이 뭐라 할 필요도 없이, 현재 살아남은 대부분의 커뮤니티는 인격화를 공식적으로 금하고 있습니다.

이 당시 인격화를 진행했던 사람들은 지금쯤 뭘 하고 있을까요?

그들이 사용했던 수많은 정화법은 지금도 전래될까요?

그들이 설파했던 속설은 지금도 타로카드에 대한 루머로서 자리잡아 무지한 사람들을 현혹하고 있을까요?

문득 궁금해지기도 하며, 옛 생각이 나네요.

41. 타로카드 물상법物象法?

물상법物象法은 사주명리학이나 주역에서 나타난 해석 기법이라고 보시면 됩니다. 이미지 리딩의 동양판으로 이해해도 무리는 없습니다. 그래서 책에서도 소개되는 기법으로 서서히 언급되고 있죠.

이를 그대로 해석하자면 다음과 같이 서술할 수 있습니다. 모든 사물物을 관觀함으로서, 그 사물이 일으키는 변화들을 하나의 상象으로 귀착해 이를 해석에 응용하는 방법法.

물론, 사주명리학에선 이 기법이 맞으며, 이를 얼마큼 청명하고 정확하게 쓰느냐에 따라 점사의 수준을 엄청나게 강화시켜줍니다. 예를 들자면 다음과 같이 풀이할 수 있습니다.

어떤 이의 사주에 목木이 극克하는 형세를 이루게 된다면, 이 기법을 이용할 경우 그것이 목木을 의미하는 어떤 물체나 목기木氣에 해당하는 성씨를 지닌 이로부터 충돌 등으로 해석할 수 있다. 반대로 목木이 성하는 상황이라면 그 성씨를 가진 귀인의 등장이나 목기에 해당하는 동방으로의 이동수, 이득 등을 의미할 수도 있으며, (말도 안 되는 비유일 수 있으나) 목木의 형세를 가진 물체를 매매/생산함으로서 얻는 이득으로도 해석할 수 있다.

대충 보시면, 의외로 이미지 리딩과 매우 흡사한 것처럼 보일 수 있습니다. 사실 별반 다르지 않죠. 한자 자체는 표의문자이므로 그 글자 자체를 그림으로 볼 수 있으며, 그림에서 표현하는 바를 읽어들이는 것이 해당 점술의 극의라고 봐도 과언은 아닙니다(물론, 이 모든 과정을 줄여 표현하자면, 그게 바로 천기운행의 묘리를 인식하는 첫 입문 단계라고 봐야 할 것입니다).

그렇기에 제대로 공부한 분들은, 최대한 심상을 닦고자 노력합니다. 모든 것이 인식되는 바를 직관으로 표현하려 하기에, 어찌 보면 그쪽 분야의 분들은 (제3자들이 보기엔 다소 의아한 구석도 있을 수 있으나) 그 나름의 이유가 있고 존중받을 만한 내용이 되죠.

다만, 타로카드에 이를 적용하려는 시도는 터무니없다는 겁니다.

1. 동양에서 발원한 것이 아니므로, 한자문화권에서 사용되는 위 기법은 통용될 수 없다.
2. 그림 그리는 원리 자체가 완전히 다르다(예를 들어 동양의 게와 서양의 게는 의미가 다르다).
3. 도상학이라는 최소한의 규칙을 준수해야 한다.
4. 무엇보다, 정상적으로 이미지 리딩이 이루어지면 이 방법은 전혀 의미 없다.
5. 순수하게 이 법칙대로만 하는 것도 아니다. 아는 걸 섞어대다 보니 엉망진창으로 리딩이 진행된다.

다음은 실제로 이 방식을 주장하신 분이 직접 작성한 내용입니다.
7. CHARIOT. 카드에 대한 물상법적 대응이라고 합니다.

전차 타로카드에 숨겨진 비의적 물상법

전차 카드는 매우 심오한 물상법과 메타포 그리고 오컬트적 색채가 매우 강한 타로카드이다. 이 전차 카드는 표면적으로 '승리', '도전', '쟁취', '선공', '돌진', '취업가능', '성공' 등을 뜻하지만 비의秘意적 핵심어로는 '남신의 은총을 받는다.'를 지니고 있다. 물상법으로 두 마리의 스핑크스는 육체적 본능과 욕망을 대변하는 두 남녀를 뜻하고 팽이모양의 붉은 상징기호는 바로 남녀의 성기가 서로 결합되어 있는 상태를 말한다. 그리고 날개 표시가 되어 있는 상징은 인간의 두 눈썹 사이, 즉 양미간에 위치한 아즈나 차크라Ajna Chakra를 뜻한다. 여기서는 남자의 성적인 결합을 통해서 황홀한 경지를 표현한 것이다. 남녀의 성결합을 통해서 마차를 모는 남신은 가슴에 환한 빛의 에너지를 발산하고 그의 왕관에 위치한 별과 마차의 덮개를 장식한 별들이 밝게 빛나게 된다. 이는 남녀가 성결합을 함으로써 남신은 기쁨과 황홀을 느끼게 된다는 비의적 가르침이 들어 있다. 인간 세상의 모든 남녀들이 쾌락과 쾌감을 누리면 결국 남신이 그 쾌락의 에너지를 받아 자신의 가슴에너지에 황홀감을 얻고 밤하늘의 별들을 빛나게 한다.

　실전에서 남자들에게 따돌림을 당하고 남자들에게 구박을 당하거나 남자 파트너와 사업을 하는 데 있어서 남자 측으로부터 힘든 상황을 겪는 한 커리어 우먼에게 이 전차 카드가 역방향으로 몇 번씩 나왔다. 이는 이 여성이 남자들을 증오하고 미워했고 남자들을 배신하는 일을 많이 했기 때문에 결국 남성들의 정신계精神界를 대표하는 남신이 돌보아주지 않기 때문이다. 결과적으로 본인은 이 여성에게 남성들에 대해서 가지고 있는 거부감이나 혐오감을 버리고 남성들의 존재의 의미를 한 번 더 되새겨 보실 필요가 있다고 말씀드렸다. 또한 실전 타로 점단시 한 40대 남성이 성적 욕망에 휘말려 있을 때 이 전차 카드가 나왔다. 두 마리의 스핑크스는 정욕에 사로잡힌 인간의 동물적 욕망을 나타낸다. 그래서 본인은 성적 욕망을 억제하거나 삼가지 않으면 남신의 손아귀에서 벗어나기 힘들다는 것을 말해주었다. 전차 카드에서 전차를 모는 남신은 바로 인간의 동물적 성결합sex을 통해 얻은 에너지를 통해서 자신의 기쁨과 즐거움을 누리기 때문이다. 인간의 성적 쾌감의 남신의 쾌감으로 승화됨을 표현하며, 인류의 성문화가 맑고 건전해지면 남신의 마음도 밝고 환해지고 두뇌도 명징해지고 밤하늘의 별도 맑고 밝게 빛난다는 것을 암시하고 있다. 또한 도가道家의 현자께서도 두뇌의 뇌세포 하나하나가 바로 밤하늘의 별에 상응한다고 이야기하였다. 그리고 독일 관념철학의 대가 에마뉴엘 칸트 역시 우리 내면의 세계의 아름다움이 밤하늘의 별빛처럼 아름다워야 할 필요가 있는 것을 역설하였다. 전차 카드는 바로 순수한 남녀의 성애性愛를 승화시켜 남신의 황홀함과 밤하늘의 별빛을 아름답게 수놓도록 하는 것이 필요하다. 그렇게 될 때에야 비로소 남신의 가호와 가피를 받고 세속에 진출(취업)하여 산업전선의 승리자가 되는 것이다.

　이 방식이 타로카드 커뮤니티에서 받는 평가가 어떤지는 상상에 맡기도록 하겠습니다.

　이렇게 읽으면, 마치 맞는 것처럼 보입니다. 설명도 나름 기승전결이 잡혀 있죠. 상징 설명도 그럴듯하고요. 그러나 제대로 리딩을 해보면 오류가 한둘이 아니라는 걸 알 수 있습니다. 문제는, 처음 접하는 분들은 이 내용 자체를 모르기에, 저 설명만 보고 믿어버린다는 것이죠. 오류를 지적하자면 한둘이 아니지만, 죽 나열해보겠습니다.

1. 다른 카드 서술에서 나오지 않던 오컬트적 내용이 갑자기 나온다
이 부분은 굳이 서술할 필요가 없거나, 견본에 지나지 않으니 다른 오컬트적 비의를 적용한 물상법이 있다고 여기겠습니다.

2. 남신의 은총을 받는다
어디에도 이런 내용은 없습니다. 출처부터 밝히고 주장하시길 바랍니다. 이 카드의 등장 인물은 '신'이 아니며, 애당초 범기독교 및 그리스-로마 신화 기반의 카드입니다.

스핑크스, 젊은 남자, 역량 있는, 어느 곳을 지배했던. 이 네 가지 힌트만 드려도 검색하면 쉽게 해당 인물이 나옵니다.

3. 팽이 모양의 붉은 상징 기호
이걸 국내에서 제대로 설명한 사람은 정말 찾기 힘들더군요. 이 기호는 호루스의 날개 원반, 속칭 호루스의 날개입니다. 애당초 제대로 된 조사 없이 0과 1의 조합으로 성적 결합을 의미하는 해석을 어떻게 도출한 것인지 모르겠습니다. 출처도 없습니다. 이 카드는 기독교 기반인데 뜬금없이 힌두 차크라 개념이 등장할 이유가 없죠.

4. 가슴에너지~ 밤하늘의 별들을 빛나게 한다
이 부분은 마치 물라다하-쿤달리니-에서 치고 올라가는 영(성)적 쾌감이 사하스라라(정수리에 위치하는 차크라)에 현현해 하늘을 비추는 것으로 묘사하는 부분입니다. 그렇다면 왜 그림에선 물라다하-쿤달리니-에서 온 쾌감이 왜 사하스라라까지 가지 않고 아나하타(가슴-심장-에 위치하는 차크라)에 머무르는지 설명할 수 있을까요? 그리고 그게 키워드에 어떤 영향을 주는지, 그림은 왜 힌두식이 아니라 그리스/이집트 상징물이 등장하는지도 알고 싶습니다.

5. 실전 해석의 오류

왜 질문자의 잘못은 지적하지 않습니까? 남자를 증오하고 미워하는 일방적 해석이 이 카드의 역방향 어디에 배치돼 있습니까? 남성 존재의 의미를 부각하기만 하면 다 해결되나요? 차라리 본 키워드인 돌격력, 곧 상대방이 누구냐를 떠나서 발생하는 공격성(특히 사업상의 이해득실을 가리는 부분)에서 억척스럽게 자신의 이득을 챙기려고 분쟁을 불사하는 심보를 비판해야 하는 것 아닌가요?

나머지 하나는 배경 상황을 서술하지 않아 차마 비판하진 못하겠네요. 그러나, 위에 언급된 내용만 놓고 보면 이 내용조차 설득력을 잃어버린 듯합니다.

이게 타로카드 물상법의 현실입니다. 한복을 한 번도 입어본 적 없는 외국인에게 강제로 한복을 입혀놓고 전통 미인도상이라고 그려놓는 것과 다를 바 없죠.

제가 쓴 내용의 출처나 근거를 물으신다면, 메이저 상징편을 참고해주시면 되겠습니다.

42. 색채 타로Color Tarot?

5. 키워드 봐봤자 어차피 그림 보고 감으로 때려 맞히면 맞더라, 그러니 키워드는 아무런 의미가 없다

언젠가부터 등장한 색채 타로라는 희한한 개념이 새로운 대안으로 자리 잡을 뻔했습니다. 내용은 다음과 같습니다.

> 색채 심리학을 기초로 하여 초의식 방법(내 주변에 흐르는 카르마)과 무의식 방법(직시적이고 본능적인 카르마)을 사용합니다. 색채 타로는 특별히 미래를 예견하고 긍정적인 꿈을 꾸도록 설계되었으며, 당신의 카르마를 분석하여 당신의 내면, 그리고 주변에 일어나는 모든 일들과 행동들을 보다 직시적으로 알 수 있도록 소개합니다.

말만 들으면 제대로 된 심리학의 일환으로 테스트되는 내용을 끌어온 듯합니다. 하지만 애석하게도 이 또한 유사과학의 일부입니다.

1. 타로카드와의 연계성은 그 어디에도 없다
타로카드의 특징은 그림을 읽어냄으로써 각각의 그림 속에 내재된 메시지를 랜덤으로 생성, 이를 현재 상황에 따른 조언으로 치환해 점의 역할을 해내는 것입니다.

2. 정확한 논리가 없다
붉은색을 길조로 여기는 중국에서 이 점을 봤다가는 헛소리하기 딱 좋은 점으로 취급당할 것입니다. 푸른색을 죽음으로 받아들이는 아메리카 원주민에게 우울, 시원함, 광활함을 의미한다고 말한다면?
이는 색채 상징조차도 하나의 문화·상징적 요소를 담았다는 결정적 증거가 되기에, 보편적으로 적용할 수 있는 논리 구성이 되지 않습니다. 실제 해석에서도 제대로 정립되지 못한 내용이 너무나 쉽게 보이죠. 전형적인 바넘 효과Barnum Effect*의 예라고 볼 수 있습니다.

더 설명해야 할까요?

보편적인 적·황·녹·청 등 단색조차도 나라마다 다른 의미를 지닙니다. 그러나 이 방식은 그 의미 내용조차도 정립되지 않은 채 타로카드와 무분별하게 조합하면서 되려 타로카드가 지닌 장점을 매몰시키고 있습니다. 라이더-웨이트 덱의 배경 배색조차도 그 의미가 명백하게 부여돼 있습니다. 다만, 그 배경 배색을 모르더라도 키워드 해석에 무리는 없기에 크게 논하지 않을 뿐이죠.

물론, 처음 사서 아무것도 모르는 상태라면 누구나 혹할 수 있습니다. 그러나 이런 시행착오를 굳이 겪어야 할 필요는 없겠지요.

---

* 포러 효과Forer Effect로도 부릅니다. 서커스 단장 겸 흥행업자였던 피니어스 테일러 바넘Phineas Taylor Barnum의 홍보 문구에서 유래했죠. 그는 "모두를 만족시킬 수 있는 무언가가 있습니다.(We've got something for everyone.)"란 말이 바넘 효과의 기본 명제와 잘 맞아떨어져 그의 이름이 붙었다고 합니다.

이 효과는 사람들이 보편적으로 가지고 있는 성격이나 심리적 특징을 자신만의 특성으로 여기는 심리적 경향을 뜻합니다. 1940년대 말 심리학자 버트럼 포러Bertram Forer가 성격 진단 실험을 통해 바넘 효과를 처음으로 증명한 까닭에 '포러 효과'라고도 합니다.

심리학용어사전(http://terms.naver.com/entry.nhn?docId=2094252&cid=41991&categoryId=41991), EBS 다큐프라임 〈인간의 두 얼굴〉 2부(https://www.youtube.com/watch?v=owJg0ixm92A) 참고.

43. 힐링 타로Healing Tarot?

힐링 타로를 다루기에 앞서 점/타로 상담이란 무엇인지부터 설명해야 할 듯합니다.

점학 무작위의 확률을 통해 사람이 인지하기 어려울 무수한 경우의 수에서 하나를 도출해낸 것에 필연성을 부여하고 이를 통해 현 상황에서 어떤 현상이 일어나게 되는지를 알아내는 학문으로, 주역과 타로카드가 있음

타로카드 인본주의적 상징을 통한 해석. 카드/배열/키워드/연계를 통해 점의 기능을 수행

타로 상담 질문자의 주제에 맞는 스프레드를 펼치고, 주제에 맞는 카드의 키워드를 택해서 해석하는 것

힐링 타로 타로 점사를 통해 질문자의 몸과 마음을 치유하는 것

얼핏 보면 뭐가 다른가도 싶겠지만, 타로 상담은 상담자가 객관성을 유지하며 질문자에게 주제에 맞게 카드를 해석·상담만 해주면 되는 것을 말합니다. 질문자가 점을 보려 한다는 것은 무언가 답답한 일이 생겼기 때문이고, 그 상황을 어떻게 헤쳐 나가야 할지 알려는 것이지, 인생이 편안하면 찾지 않을 것입니다.

그러면 그런 질문자가 알고 싶어 하는 것을 상담(해석)해주면 됩니다. 질문자가 상담자에게 정신적 치유를 바라고 오는 것은 아니며, 상담자가 구태여 그런 부분을 신경 쓸 필요도 없죠. 타로 상담을 통해 질문자에게 원하는 답을 찾아주거나 피할 길을 알려주는 것이 상담자의 일이며, 해석 덕분에 질문자가 치유(힐링)된다면 이는 질문자의 몫입니다. 이런 면에서 힐링 타로라고 한다면 수긍할 수 있겠으나, 소위 힐링 타로는 '점사가 어떻게 나오든 전(상담자) 당신(질문자)을 힐링해드릴 것입니다'의 형태를 취하며, 이는 질문자가 듣기 좋은 말 또는 듣고 싶어 하는 말을 해주는 양상을 보이니 점이라기보다는 점을 빙자한 대화나 수다라고 해야 할 것입니다.

점사란 것이 좋게만 나올 수 없고, 질문자가 원하는 방향으로 흘러가지 않을 수도 있습니다. 그런데 힐링 타로 상담을 하는 사람들은 그러한 점사에서조차도 "괜찮아, 나쁘지 않아"란 식으로 질문자에게 듣기 좋은 말만 해주려 하니 제대로 된 타로 상담이라 볼 수 없다고 생각합니다.

5월까지 3킬로그램을 뺄 수 있을까? (31세, 여/2015.04)

평소 운동이라곤 숨쉬기만 하였고, 강아지 산책으로 인해 뒷산 다닐 예정. 왕복 대략 40분 거리이며, 하루 두 번은 다녀야 함.

4. THE EMPEROR. - 17. THE STAR. - 10 of Wands

해석 걷는 것도 운동은 운동이니 3킬로그램 정도는 뺄 수 있다 생각하고, 빼보겠노라 하지만 그건 질문자만의 생각. 이런 방식으로는 살을 빼기는 어려울 것이다.

힐링 살을 빼겠노라고 굳게 다짐했고, 숨쉬기만 하다가 움직이니 뺄 가능성이 크며, 빼려고 열심히 노력하므로 충분히 뺄 수 있다(이 점사의 피드백: 뒷산 40분 산책으로 3킬로그램을 빼는 것은 무리였습니다).

그럼 왜 이런 식으로 해석이 달라질까요?

업으로 타로 상담을 하시는 분들 같은 경우엔 질문자=손님=돈이며, 사람의 성향이란 것이 대개 자기 좋은 말만 들으려 하는 것도 있고, 이 질문자가 꾸준히 상담하러 오게 해야 복채가 쌓이니 이런 식으로 하는가 싶고, 업이 아니라 취미로 하시는 경우 "내게 상담을 요청했고, 이 사람에게 위안 되는 말을 해주고 싶다"라는 마음으로 상담해주려 하다 보니 카드의 부정적인 흐름을 보지 않고 긍정적인 흐름만 보다가 이런 오류를 범하지 않나 싶습니다.

하지만 이런 식의 리딩은 상담자를 우롱하는 일이 될 수 있으며, 타로카드 점이란 사기에 지나지 않는다는 부정적 인식만 심어주게 될 것입니다. 직업으로 타로 상담을 하시는 경우 가운데에 정말로 질문자의 정신을 치유하고픈 마음이 있다면 심리상담센터 또는 정신건강의학과라는 전문 기관이 따로 있으니 타로 상담가가 아니가 심리/정신과 전문의 과정을 밟고 개업하는 게 맞을 것이고, 정신의 치유를 목적으로 하는 질문자 또한 이런 전문 기관을 찾아가는 편이 올바를 것입니다.

취미로 타로를 하는데 내 지인에게 힘이 되며, 위로해주고 싶다는 분들은 그냥 커피나 술 한잔 하시면서 얘기를 들어주고, 조언해주는 게 더 유익한 방법입니다.

다시 한번 말씀 드리지만, 타로 점은 인본주의적 상징을 통한 해석과 카드/배열/키워드/연계를 통해 점의 기능을 수행하는 것입니다. 지식이 부족해 해석에 오류가 있을 수는 있겠으나(이것은 공부하면 나아지니까요!) 다른 목적으로 자신의 해석을 인위적으로 비틀어서는 안 되며, 그 순간 점의 행위가 아니게 됩니다.

44. 베리에이션

4. 대충 외우고 귀찮으니 패스. 맞으면 장땡이지

이 개념은 2000년 초중반에 등장했습니다. 이때 활성화된 동호회들은 여럿 있었으나, 이 개념을 본격적으로 꺼낸 사람은 숙대-이대 타로카드장에 있었던 인원이 분리돼 프리챌 커뮤니티에서 자리 잡은 '운명의 향기'라는 곳 소속이었습니다.

이 사람은 당시 타로카드계의 기본적인 해석 역량이 매우 부족했던 상황에서 서서히 수요가 증가하자, 새로 입문하는 사람들에게 설명을 쉽게 하려고 이 개념을 도입한 듯합니다.

물론, 도입 목적은 선의가 가득했습니다. 그 당시를 실제 겪었던 제 입장에서도 타로카드를 익히기에 좋은 개념이었죠. 하지만 선의로 시작한 게 민폐가 될 수도 있더군요.

이 방식은 다음과 같은 개념과 방법으로 이루어집니다.

1. 켈틱 크로스 스프레드의 해석을 순서대로 알려주기엔 시간이 부족하며, 이제 막 입문한 사람에게 이를 전부 마스터하고 본격적인 해석을 할 수 있게 될 때까지 너무 오래 걸린다.
2. 그렇다면 켈틱 크로스 스프레드의 해석을 더욱 간략화해서 간단히 결론을 낼 수 있게 해야 한다.
3. 꼭 필요한 카드만 보면 된다.

이렇게 만들어진 개념이 바로 베리에이션Variation 입니다. 방법은 아주 단순합니다.

1. 3 - 6 - 10번 위치를 과거-현재-미래로 해석한다.
2. 끝! 다른 카드는 필요 없다!

실제 예시를 들어보겠습니다.

이 배열을 해석하려고 한다면, King of Cups. - 0. THE FOOL. - 5 of Pentacles로 치환하고 이 세 장만 보시면 됩니다. 자기 스스로 냉철하게 판단한다고 생각해왔으나 무모하게 팔아넘긴 뒤 손해를 보게 된다는 식으로 쉽게 해석할 수 있습니다. 어떤 사정이 있어 팔게 되는지, 팔게 된 계기가 뭔지, 누가 이것을 팔라고 하는지 등, 많은 내용을 전부 생략합니다. 오로지 단순하게 '팔면 손해 본다'만 가지고 점 보는 사람에게 말하는 겁니다. 단답형 답을 원하는 사람이라면 빨라서 좋다고 할 수는 있겠군요.

이게 베리에이션이라는 개념의 정체입니다.

어느 정도 경력 있는 해석자라면 이렇게 반문할 겁니다. "아니 그럼 대체 뭐하러 켈틱 크로스 스프레드를 펼치나? 3카드 배열로 과거-현재-미래 하면 바로 나오는데?"

어디까지나 이 방식은 초보자 교육을 위한 방편이었다는 것을 기억하셔야 합니다. 실제로 효과도 좋았습니다. 적어도 켈틱 크로스 스프레드를 두고 고민하거나 겁내는 현상은 없앨 수 있었고, 그렇게 시간이 흘러 자연스럽게 다른 위치도 해석을 시도하게 되는 좋은 의도가 숨어 있었죠.

이 개념은 더 나아가 연계 해석에 적용하는 데도 도움을 줍니다. 이후 4-1-6 / 3-1-5 / 5-6-7 등의 방법도 생겨나며, 이를 넘어서면 최종적으로 다시 켈틱 크로스 스프레드 순차 해석이나 다른 연계 방식을 통해 배열에 드러난 카드를 전부 유기적으로 연결해 해석할 수 있게 되죠. 실제로 저도 이 방식을 보고서 좋은 시도라 생각했고 다른 방법으로 사용해 체계를 구축하는 데도 작게나마 영향을 받았습니다.

문제는, 이 방식을 배웠거나 영향을 받은 이들이 이를 해석의 전부라고 생각해버린 것입니다. 10장 펼치는 스프레드를 3장만 보고 넘어가는데, 그 내용이 실제 맞는다 해도 온전할까요? 당연히 온전한 해석을 보장하진 못했죠. 물론 해석의 발전을 위해 생각해볼 가치는 있습니다만, 적어도 어떠한 '서비스'를 제공하는 데 쓸 만한 방법은 아닙니다.

그렇기에 이 개념은 해석의 용이함을 강조하기보다 해석을 심화시키는 도구로만 활용해야 합니다. 답을 쉽게 알아내더라도 어떤 과정을 거쳐 답을 얻어냈는지 설명이나 근거를 제시하지 못하면, 그건 그저 감으로 때려 맞히는 것과 다를 바 없으니까요. 정확한 해석을 위한 노력이 없다면, 결국 지금껏 다루었던 5번 항목들의 수준으로 격하되거나 이 방법에 머무른 채 다른 시도를 하지 못하는 결과를 낳게 됩니다.

다른 사람의 자세한 해석에 "뭐하러 그렇게 복잡하게 보나? 그냥 흥/망하는 거잖아? 해석 다 했네 접자!" 식의 반응을 보이는 사람이 있죠. "왜 흥/망하나요?"라고 물으면 이 단계에서 오래 머문 사람들은 그런 문제 제기를 묵살하거나("그런 게 있어요"), 상대방의 동의를 얻어내려는 제스처를 취하게 됩니다("에이 이거 이렇게 하면 흥/망하는 거 빤하죠. 아시는 분이 왜 이러세요?").

이게 제대로 된 자세가 아니라는 건 굳이 설명할 필요도 없을 것입니다. 방편은 어디까지나 요령일 뿐. 정도正道는 아님을 되새겨야 합니다.

45. 합수 개념

합수 개념이란 메이저 아르카나에 배정된 카드를 이용해서 점을 볼 때, 각 메이저 카드의 숫자를 합쳐 다른 의미로 꺼내는 것을 말합니다. 어디에서부터 주장됐는지는 확실하지 않지만 합수 개념 자체가 카발라에서 영향을 받은 바는 확실합니다. 이는 숫자와 숫자를 더해 새로운 개념을 이끌어내는 부분에서 기존 성경의 카발라적 해석인 노타리콘, 테무라, 게마트리아 등의 영향을 받았음을 간접적으로 시사하기 때문입니다(특히 게마트리아의 영향이 가장 강합니다).

그러나 그 논리가 매우 빈약합니다. 78장을 전부 펼치지 않는 배열, 22장으로 어떻게든 해결하려는 노력 자체는 좋게 볼 수도 있으나, 합수 개념에 대해선 이후 라이더-웨이트 덱을 제작한 웨이트도 부정적으로 보았습니다.

그러면 어떤 식으로 활용되는지 사례를 들어볼까요? 예를 들어, 3카드 스프레드에서 6-1-7로 나타난 배열이 있다고 가정해보면, 이를 아래와 같이 합치는 것입니다.

$$7+8=15$$
$$6+1=7 \mid 1+7=8$$

이 세 장의 내용을 보조로 여기고, 합쳐서 나온 15만 취해 해석하는 것입니다. 예를 들어 연애운일 경우, 6-1-7의 해석은 보조로 남겨두거나 배열대로 해석합니다. 관계를 성립시키려면(6) 의지를 표명하고(1) 돌진한다(7). 그렇게 하려면 추진력(7)이 필요하고 또한 마음이 흔들리지 않아야 한다(8). 그러나 이 모든 것은 유혹으로 귀결된다(15).

이 시점에서 의문이 떠오를 수밖에 없습니다. "이럴 거면 처음부터 한 장만 펼쳐도 되는 것 아닌가? 뭐하러 세 장을 펼치지?"

다른 사례를 들어보죠.

이 경우는 같은 완드를 더합니다(10+7=17). 이후 17. THE STAR. 카드에 완드 속성이 있다 여기고 해석합니다. 그럼 각 메이저 카드에 네 가지 속성이 부여돼야 하며, 그에 따른 자료가 있어야 하죠. 이 시점에서 또 의문이 생길 수밖에 없습니다. "5 of Cups는 그림 5의 물 속성인가? 그럼 마이너 전부 1~21까지 만들어서 돌려야 하지 않은가? 또한 이 경우, 합수를 거치면 1은 만들어질 수가 없습니다."

1. 21까지만 쓸 경우: 22 → 2+2 = 4
2. 10까지만 쓸 경우: 11 → 1+1 = 2

1, 2 모두 공통으로 1이 추출되는 경우의 수는 없다고 봐야 합니다. 아마 위의 두 가지가 주류에 속할 것으로 알고 있습니다.

결국 합수 개념은 지금까지도 횡행하는 타로카드 메이저 아르카나 22장+오라클의 이용법으로 변질됐습니다. **오라클과 타로카드는 점을 구성하는 메커니즘 자체가 다르므로 공유될 수 없습니다.** 공유된다고 해도 이는 오컬트적으로 매우 위험한 발상입니다.

오라클의 구동 원리는 채널링을 '강제로' 이루는 것이며, 이 과정은 쉽게 표현하자면 강제로 신을 받는 경우라고 봐야 합니다. 물론, 오라클 매뉴얼에는 채널링을 시작하는 의식과 끝내는 의식에 관해 서술해두는 것이 보편적이며, 이는 오라클과 타로카드의 접점을 어느 정도 용인한 르웰린사의 초기작들(켈틱 드래곤과 셰이프시프터 등, 특히 켈틱 드래곤의 경우에는 이런 성향이 더욱 짙다)에서도 확인할 수 있습니다.

문제는 이런 의식 없이 강제로 열려지고 닫지 않는 행위가 계속되면, 인지 능력의 저하나 무속인들이 언급하는 신병, 또는 신체나 사고방식의 이상 징후가 일어날 확률이 매우 커진다는 점입니다. 물론 이는 오컬트 쪽을 신봉하지 않는 이들에겐 합리적이지 않은 설명이고, 쉽게 점을 볼 수 있다는 장점만 부각된 채 배포되고 있죠.

이는 본래 의도의 제의 마법에서 타고나지 않은 사람에게 채널링을 부여하려 했던 수많은 의식을 무시하는 것으로, 오컬트 쪽에서든 타로카드 쪽에서든 환영받지 못하고 있습니다.

탄생 카드에 대한 루머가 이런 합수 개념의 대표적인 사례이기도 합니다. 자신의 생년월일을 합수를 통해 한 장으로 만드는 방식으로 소개된 이 방법은 싸구려 심리 테스트들과 함께 널리 퍼져 있죠.

1982년 9월 26일의 경우를 예로 들어보면 다음과 같습니다.

$$1+9+8+2+9+2+6 = 37 \rightarrow 3+7 \rightarrow 10$$

여기서 1+0은 없습니다. 21까지 사용하니 1은 나올 수 없는 구조죠. 위의 합수 개념에 있는 허점과 같은 문제를 공유합니다.

이런 응용은 이후 그림자 카드, 탄생 수 카드, 영혼 카드 등으로 바뀌어 전파됐습니다. 그러나 그 내용들은 결국 위 방식의 변종에 불과할 뿐, 근거를 마련하지 못한 채 유사 심리 테스트 수준의 내용으로 전락해 오해를 계속 빚어내고 있습니다.

아직까지 합수 개념이 왜 쓰여야만 하는지를 설득력 있게 제시한 자료는 발견하지 못했습니다. 100년 전에 출간된 저서에나 인용됐을 뿐이며, 웨이트가 새로운 덱을 만들 때 이들과 결별을 고한 것은 어찌 보면 필연적인 일이었습니다.

합수 개념을 본격적으로 사용하길 권했던 인물은 제라르 앙코스 Gérard Encausse로 확인되나, 그가 쓴 『보헤미안 타로』는 근거가 없거나 몇몇 자신의 주장에 우호적인 시각만 편취해 집필한 것으로 보입니다.

46. 조언 카드는 왜 펼치나요?

조언 카드란 배열 외에 다른 카드를 펼침으로써 추가적인 조언을 얻을 수 있다고 여기는 개념입니다. 왜 조언 카드를 펼치는지에 대해서는 다음과 같은 이유가 있습니다.

1. 배열에서 나오지 않는 부분에 대한 조명
각 배열마다 장단점이 있기에 부족한 부분을 펼쳐 추가하는 의미입니다.

반박　그렇다면 더 적절한 다른 배열을 보면 됩니다.

반박2　실제로 켈틱 크로스 스프레드는 11장(예시자 카드가 추가됨)이었으나, 이를 논의 끝에 생략함으로써 현재와 같은 형태로 알려지게 됐습니다.

2. 해석 능력의 빈약
배열이 개조·개선되지 않고 긴 시간동안 전해 내려오는 이유는 그에 합당한 특성과 장점이 강하기 때문입니다. 조언 카드는 자신이 제대로 해석하지 못할 때, 이를 편취해 어떻게든 질문자를 설득하려는 용도로 악용되기 쉽습니다. 극단적으로 표현한다면 자기가 아는 카드 나올 때까지 펼쳐대는 것이죠.

이런 문제가 생기는 이유 가운데 하나는 배열의 완성도가 아무리 완벽하더라도 장단점이 있기 때문입니다.

배열에는 기본적으로 해당 질문에 대한 정보가 모두 담겨 있기에 좋은 배열, 체계가 잡혀 있는 배열일수록 이 정보들은 세분화되며, 최종적으로 어떤 한 가지 지향점을 조언하도록 설계돼 있습니다.

켈틱 크로스 스프레드는 가장 범용성이 좋고 대부분의 질문을 쉽게 처리할 수 있다는 장점이 있으나 3인칭 관점에 치중한 나머지 일대일 상황을 분석하거나 자신의 현 상태를 상세하게 확인하기 어렵다는 단점이 있습니다. 그렇기에 일대일 상황에 강점을 띄는 음양 배열을 주로 권하게 되죠. 또는 자신의 현 상태와 발전을 위해 어떤 수단을 강구해야 하는지 더 구체적인 방안을 고려하고자 레벨 업 스프레드Level Up Spread를 만들기도 하는 것처럼, 앞으로도 다양한 질문을 소화해내려면 좋은 배열을 판별하고 설계하는 작업을 계속해야 합니다.

아직은 국내에서 이런 논의가 활발하지 않기에 배열의 좋고 나쁨을 분별하는 판단 기준을 계속 개선해나가야 할 것입니다.

결론

해석에 취약점이 있다면 키워드/해석을 더 연습해서 역량을 강화해야지, 편법으로 카드를 펼칠 일이 아닙니다. 최종적으로 조언 카드는 배열 본연의 의미를 해하며, 궁극적으로는 배열을 펼치는 의미를 퇴색시키게 됩니다. 초기에 해석하기 어렵더라도 꾹 참고 해석을 시도하고, 이를 기록해 자신이 부족한 부분들을 체크해보세요. 이것이 해석 능력을 향상하는 방법의 하나입니다.

47. 이미지 리딩

4. 대충 외우고 귀찮으니 패스. 맞으면 장땡이지
2. 어쨌든, 흡사한 지식을 통해서라도 유추해내고, 이를 나중에라도 증명하면 되는 것 아닌가?

이번 항목은 4, 2번이 섞여 있기에 이렇게 표시했습니다. 제 견해로는 어디까지 이미지 리딩을 해야 하는지 구분선이 명확하지 않아 이런 문제들이 발생하는 것이라 보기 때문입니다.

앞서 감성 리딩emotion reading이라는 글을 썼습니다. 이번 글은 이미지 리딩image reading을 알아보고자 합니다. 사실 누가 옳고 그른지에 대해서 정확하게 구분 짓는 것은 되레 처음엔 '이게 맞는거야!'라고 생각하던 것조차도 경험과 지식이 쌓일수록 하나의 견해로 두게 되고, 시간이 지날수록 다양한 의견을 취합하거나 직접 경험함으로써 오차를 줄이고자 노력하는 게 최선이라 생각할 따름이죠.

이미지 리딩이라는 말은 모순적입니다. 그림은 보는view 것이지 읽는reading 것이 아니니까요.

실제로도 우리는 그림에서 느끼는 단순한 심상image과 상상화들을 토대로 '이 사람이 무언가를 말하려 하는구나!'라는 것을 눈치채곤 합니다. 특히 프로파간다 용도로 그림을 그린 경우라면 더욱 명확하게 드러나죠.(북한의 선동 포스터, 전쟁 격려 포스터 등)

그러나 그림이라는 매체를 통해 어떤 의미를 담아두고 이를 묘사함으로써 해당 내용을 전파할 수 있고, 이미 알고 있는 사람들에게도 또 다른 감동을 선사할 수 있죠. 그리고 때로는 어떤 의미를 숨기고 특정 표시나 묘사를 통해 이를 알고 있는 사람들에게 무언가를 '몰래' 전달하려는 목적으로 사용하는 경우도 있습니다.

여기에 가장 많이 쓰이는 것이 바로 기호와 상징이며, 마지막으로 엠블럼이 있습니다. 사실 기호는 어디서나 볼 수 있기에 그다지 큰 의미로 보이진 않을 수도 있습니다. 그러나 기호를 이용해 우리는 너무나도 많은 것을 그림 한 장으로 해결할 수 있죠. 그 가장 좋은 예가

바로 교통 표지판입니다.

이 그림이 무얼 의미할까요? 오토바이/자전거 통행 금지 표시입니다. 그냥 보기만 해도 알죠. 기호는 어떤 공통의 문화 코드를 넘어 눈으로 보고 쉽게 이해할 수 있는 것을 이용해 메시지를 전달합니다.

타로카드에도 이런 표현이 들어가 있을까요? 예, 있습니다. 다만 이를 이중, 삼중으로 이용하기 때문에 일차적인 기호로는 인식할 수 없게 돼 있죠. 왜 그런지를 설명해보라고 하면, 간단하게 왼쪽과 같은 예시를 들 수 있을 것입니다.

이 카드에서는 아이가 다른 아이에게 꽃이 담긴 컵을 전달하고 있습니다. 만약 이 카드를 기호로만 해석하려고 한다면 어떤 낭패를 보게 될까요?

1. 누가 누구한데 뭘 받는 거니까 실제로 무언가 받겠지!

 - 뭘 받는 건가요?

 - 뭐긴 뭐야 꽃이지.

 - 꽃을 왜 받죠?

 - 뭔가 경사가 났나 보지!

 - ·······.

2. 애가 애한테 꽃을 주는 걸 보니까 고백하나 보네.

 - 애가 애한테 고백하는 것과 주제가 사업운인 게 무슨 상관인가요?

 - 그럼 애들 상대로 장사하나 보지!

– …….

3. 성안에 있으니까 애들이 편해 가지고 소꿉장난하네.

– 소꿉장난과 인생이 무슨 상관 있나요?

– …….

4. 뒤에 사람 있지? 걔가 얘네 보호/유괴하는 거야.

– …….

뭐 여러 가지 비유가 있겠습니다만…… (참고로, 모두 실제 벌어진 해석들입니다……) 78장의 도구로 모든 인생사를 서술해야 하는 타로 카드를 두고, 이런 식의 접근은 논리도, 증거도, 신뢰성도 없습니다. 단순히 그림에 그려진 일차적인 그림만으로 모든 걸 재단하면 이런 처참한 해석밖에 나오지 않겠죠.

그래도 이제는 많이 보편화되며 잘 알려진 이야기입니다만, 타로 카드는 상징을 통해 그 의미를 표현합니다. 그리고 카드를 해석하는 우리는 이 상징이 무엇을 의미하는지 인식하거나, 배움을 통해 알게 됨으로써 정확한 해석을 향해 갈 수 있게 됩니다.

"왜 꼭 배워야만 하나요?"

이 질문에 대해선 다음 글을 통해 상징의 의미와 정확한 인식의 중요성을 설명함으로서 답을 드리도록 하겠습니다. 다음 편에선 기본적인 문화권에 대한 상징을 모르는 상태라 가정하고 하나의 그림을 감상하며 이야기를 진행해보죠. 제가 보여드릴 예시는 우리가 특정 문화권에서 양육/교육된 상태라면 누구든 이해할 수 있는 문화 상징입니다.

48. 상징으로 그림 읽는 법

앞에서 우리는 기호만을 단순하게 대입할 때 어떤 문제가 생기는지를 살펴보았습니다. 그럼 상징을 적용하면 어떻게 이야기가 펼쳐질까요? 이를 설명하기에 앞서, 우리가 알고 있는 상징에는 여러 가지 종류가 있다는 것을 인식해야 합니다.

다음 그림을 보도록 하죠.

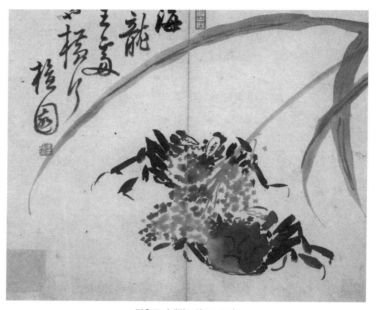

김홍도, 〈해탐노화蟹貪蘆花〉

어느 날 누군가가 공부하는 아들이 있는 사람에게 이 그림을 선물한다고 합니다. 그리고 그 선물을 받은 사람은 매우 고맙다며 사례를 하는데요, 대체 왜 그럴까요? 아무것도 모른 채 그림을 본다면 단순히 게 두 마리가 덩그러니 나온 것이 다인 그림이고, 갈대가 있는 듯한데 말이죠. 별것도 아니고, 김홍도라는 사람이 유명하기에 아 그런가 보다 하고 말 겁니다. 어찌어찌 사전을 보아하니 게에는 이런 뜻이 있다고 합니다. "게는 옆으로 걸었기에, 군자답지 못하다고 해서 소인배를 뜻했다." 이쯤 되면 의구심이 듭니다. '뭐지? 지 자식 보고 욕하는 걸 좋아하네?'라는 생각이 들죠.

자, 시각을 바꿔봅시다.

여기서 이 그림을 그린 김홍도가 조선시대 사람인 것은 교과서를 본 적 있다면 다들 아실 겁니다. 그리고 우리는 고려-조선시대 동안 한자 문화권 안에 있었다는 것도 알고 있죠.

이제 다시 생각해봅시다. 우리의 머릿속에는 이미 게를 한자로 옮기면 갑甲이라는 것을 압니다. 적어도 갈대가 뭔지는 모르겠으나, 갑甲은 천간天干의 첫 번째 자로, 뭐든지 첫 번째 위치나 유리한 사람을 칭하는 대명사이기도 합니다. 다시 말해, 이 그림은 뭔진 몰라도 1등을 하라는 소리가 됩니다.

그리고 조선시대 사대부들의 한자 유희에서 게는 합격 또는 1등이라는 뜻이 됩니다. 그러니, 과거에서 갑甲 등으로 올라가라는 뜻이 됩니다.

이쯤 되면 한 가지 의문이 듭니다. '갈대는 그럼 뭐야?'

이 그림의 이름에 들어 있는 갈대 노蘆자는 그 발음이 려臚와 비슷하다고 합니다. 려는 장원급제자에게 임금님이 직접 내리는 고기를 비롯한 음식을 뜻하죠.

이젠 그림의 뜻이 아주 명료해집니다. 게가 갈대를 취하려 하는 이 그림은 이제 단순한 그림이 아닙니다. '당신의 아들이 대과, 소과에 급제해 1등으로 올라가 임금이 주는 축하 상을 받으라.'라는 축복의 말이 됩니다. 상징을 알게 된다면, 쉽게 보일 수 있는 글이죠. 자. 상징을 모른 채 단순히 이 그림을 보는 서양인이 있다고 합시다. 나올 답은 거의 하나밖에 없겠죠.

'게자리인가? 가정적인 남자가 되라는 건가?'

상징을 아는 것과 모르는 것은 이렇게 차이가 납니다.

우리나라 사람이라면 게와 갑의 관계를 알 수 있지만. 한글과 한자를 따로 배울 수밖에 없는 외국인들은 이를 알기 어렵겠죠.

반대로 예를 들어보겠습니다.

존 콜리어, 〈고다이바Godiva〉

　노블리스 오블리주를 실행하자며 세금을 우리가 먼저 내야 한다는 운동가에게, 누군가가 이런 그림을 선사합니다. 선물받은 사람은 눈물을 흘리며 선물한 사람에게 정말 고맙다며 사례합니다. 어떻게 된 일일까요?

　이 그림의 주인공인 고다이바 코번트리 백작부인에 대한 이야기를 아냐 모르느냐로 이 그림의 가치와 상징은 크게 달라집니다. 그림의 주인공 고다이바 부인은 영주인 남편이 가혹한 세금을 매겨대자 자비를 베풀어달라고 청원합니다. 그러나 이를 되도 않는 소리라 여긴 남편은 이 여인을 조롱할 심산으로 이렇게 말하죠.

　"네가 나체로 말 타고 거리를 돌 때, 어리석은 백성이 네 몸을 아무도 엿보지 않으면 내가 생각해줄게."

　그런데 고다이바 부인은 이 말을 진심으로 받아들이고 자신을 희생해 이를 실행합니다. 백성은 술렁였고, 진심으로 이 여인의 의도를 이해한 뒤, 모두가 문을 잠가 걸고 절대 보지 말자며 다짐합니다. 그리고 운명의 그날. 위 그림처럼 문을 닫아놓고 아무도 보지 않았고 남편은 어쩔 수 없이 세금을 내리게 된다는 훈훈한 이야기입니다.

이 그림은 노블리스 오블리주의 실행을 염원하며, 그 숭고한 뜻을 기리는 의미를 지닙니다. 선물받은 사람은 그런 숭고한 뜻이 계속 함께하기를 바라며 선물해준 사람에게 감사를 표한 것이죠.

모르는 사람들은 어떨까요? 혹여 "이 사람이 그 백작부인이라는 증거가 이름 말고 뭐가 있어?"라고 따지는 사람도 나올 수 있겠죠. 이를 반박하자면, 적색 바탕의 사자 그림은 예부터 영국 상징 깃발의 하나라는 점과 영국에 남은 야사/정사 통틀어 고다이바라는 이름으로 남은 부인은 이 사람 하나뿐이며, 이 그림은 1898년에 그려진 작품이라는 점에서, 후대의 작가가 이를 기리고자 그린 것임이 분명하다는 근거를 제시할 것입니다.

그림을 '읽는' 것은 이런 체계를 필요로 하며, 그렇기에 우리는 타로카드를 '보는' 것에서 멈추지 않고 '읽기' 위해 공부해야 합니다. 그러면 이렇게 공부하려는데, 이게 뭐가 문제이기에 4번 항목(4. 대충 외우고 귀찮으니 패스. 맞으면 장땡이지)이 적용되는 것일까요? 애석하게도 4번 항목의 대부분은 근거를 제시하지 못하기에 이루어지는 참사입니다. 그리고 그 근거 없는 리딩들은, 결국 4번 항목에 속할 수밖에 없죠.

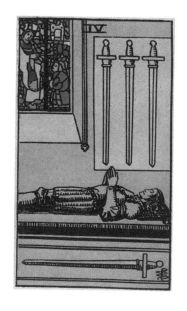

자, 앞에서 우리는 상징을 이용해 그림을 읽어내는 과정을 알아보았습니다. 이를 타로카드에 적용해본다면 어떻게 이야기가 펼쳐질지 확인해보죠. 예시로 들 카드는 라이더-웨이트 덱의 4 of Swords입니다.

이 카드를 우리가 사용할 때 주로 언급되는 키워드는 다음과 같습니다.

휴식, 후퇴, (상처를 회복하기 위한) 정양,

(과거에 이룩했던) 업적/도전 과제, 전승.

뭐 이 정도야, 그림에 대해서 연구하든 검색해서 다른 사람의 의견을 듣든 쉽게 얻어낼 수 있긴 합니다. 문제는 '왜 이런 키워드가 나올까요?'라는 질문을 해볼 필요성을 느끼지 않았다면, 그 순간 4번 항목에 그대로 머물게 된다는 것이죠. 왜일까요?

왜 그런지에 대해선 서서히 알게 되실 겁니다. 왜냐하면, 이 카드는 여러 가지 의미에서 4 of Wands와 의미가 겹치기 때문입니다.

4 of Wands의 키워드는 휴식, 완료, 조화, 새로운 시작, 즐거운 파티 등입니다. 다시 한번 언급하지만, 4 of Swords의 키워드는 휴식, 후퇴, (상처를 회복하기 위한) 정양, (과거에 이룩했던) 업적/도전 과제, 전승 등이죠. 4번 항목에 해당하지 않는 분들이시라면, 이쯤에서 한 가지 의문을 가져야 합니다. **타로카드 78장에는 단 하나라도 겹치는 키워드가 존재할 수 없기 때문입니다.** 이는 감성 리딩 편에서도 언급해두었습니다.

그러나 4번 항목에 해당하는 분들은 이 부분에서 일말의 의구심도 가지지 않습니다. 의구심을 해결하기에 앞서, 이미 매뉴얼로 두 카드 모두 공히 휴식이라는 의미가 있음을 외웠기 때문입니다.

그렇다면, 차이점은 없는 걸까요? 그 차이점을 발견하려 노력하느냐 노력하지 않느냐에 따라 4번 항목이 될지, 2번 항목이 될지를 결정하게 됩니다. 어차피 의미는 비슷하기에 두 카드를 이용하면서, 그리 큰 해석의 차이를 두지 않는 분들을 많이 봐왔기도 하고, 실제 해석에서도 그리 큰 문제는 없었습니다(이는 약간의 바넘 효과를 포함했을 것입니다. '어쨌든 휴식이니 맞는 거지'라는 식의).

그러나 키워드를 제대로 이해하고 검증하려면 각 카드가 어떻게 다른지, 그렇기에 어떤 뉘앙스의 '휴식'을 의미하는지 분석해낼 수 있어야 합니다. 이것이 선행되지 않으면 시간이 지날수록 카드를 읽는 수준 차이는 극명하게 벌어집니다.

대부분, 프로 해석자들은 4 of Swords가 잠깐의 휴식을 의미한다고 해석합니다. 이는 4 of Wands에서 명확히 드러난 (완료 후의) 휴식을 알고 있고, 그러므로 다른 4 of Swords에 대해선 일시적인 휴식을 의미하는 것으로 치환해서 휴가, 방학 등의 키워드로 해석하는 응용력이 있기에 정확한 해석이 가능한 것입니다.

그렇다면 이 그림에선 어떤 상징을 통해 일시적인 휴식이라는 의미를 읽을 수 있는 것일까요? 이 지점에서 논거를 대지 못하는 경우가 많습니다. 이 카드는, 중세 기사와 영주의 시대를 이해하지 못하면 해석 자체가 불가능한 카드이기 때문입니다. 전편에서 보셨듯, 게를 보며 갑甲을 떠올리지 못하는 서양인의 모습처럼 우리는 이 카드를 이해할 수 없는 문화권에 있습니다. 아래 내용은 다년간 서양 생활사에 대한 이런저런 서적을 참고해 제가 결론을 내린 카드 해석입니다.

1. 이 카드의 그림은 명백하게 누군가의 사망 상태를 의미한다.
그럼에도 왜 잠깐의 휴식을 의미하는가?

2. 중세 영주/기사의 무덤 양식은 그 자손이 참배할 수 있도록 그림과 비슷한 환경을 꾸몄다.
- 특히, 이런 장소를 만드는 데 용이한 환경이었다(성의 지하).
- 또한 조상에 대한 기록과 전승을 토대로 자손에게 조상의 위대함을 알리려면 참배 과정이 꼭 필요했다.
- 이는 혈통 위주의 귀족제에서 필수적 교육이었다.
- 현대에도 이런 풍습은 남아 있다(교황 선종 시에 하는 제의).

3. 실제 중세 영주/기사의 무덤은 생전 본인이 쓰던 무구, 이루어낸 공적/업적에 대한 그림/명문이 기록됐다.

그림을 보면 동일한 구조다. 이를 증명하는 좋은 도구로, 뉴 비전 덱의 4 of Swords는 이 시대를 자연스럽게 배우는 유럽인의 시각이 드러난다.

4. 이 업적을 계승, 전승함으로써 세대 교체 등의 잠깐의 휴식과, 연이어 이어지는 이야기가 이 카드의 주제다.

이를 통해 파생 키워드가 많아지며, 그 해석이 전부 적중하게 된다. 다른 이의 해석 사례를 참고해 같은 분석을 해도 맞는 케이스가 80퍼센트 이상이다.

5. 고로 이 카드의 의미는 잠깐의 휴식이 맞다.

무덤이라는 그림에 혹해 영원한 종결을 의미하는 것으로 잘못 해석하면, 해당 질문자의 운명을 뒤틀 확률이 높아진다.

6. 그렇다면 4 of Wands는 왜 (완료 후의) 휴식이 되는가?

4 of Wands의 나무로 만든 네 개의 기둥으로 만들어진 구조물은 유대인들의 혼인식 때 꽃 또는 천으로 꾸민 추파Chuppah(또는 후파Hupah)를 묘사한 것이기 때문입니다. 유대인들은 추파 안에서 혼례를 치러야만 행복해질 수 있다고 믿었는데요, 이는 다음과 같이 표현되고는 합니다.

제1차 세계대전 이전, 제정러시아의 작은 마을을 배경으로 한 뮤지컬 영화 〈지붕 위의 바이올린Fiddler on the Roof〉은 유대인의 전통과 가족 사랑을 잘 보여줍니다. 이 영화에는 유대인의 혼인식과 관련해 중요한 대목이 나옵니다. 러시아혁명에 가담한 애인을 사랑하고 끝내 그를 찾아 고향을 떠나는 둘째 딸 호델을 배웅하며, 아버지 테브예는 이렇게 당부합니다. "어디서 혼인하든 꼭 추파 아래에서 하거라." 나아가 유대 문화에서 추파는 혼인식에 위대한 그분이 나타나는 곳이며, 이는 곧 이 약속(혼인)이 이루어진 때부터 **영원히** 행복할 수 있기를 기원하는 곳으로 여겨졌습니다.

이로써 4 of Wands의 의미가 곧 어떤 행동, 상황이 종료된 뒤 그 상태로 영원히 고정되는 순간을 표현한다는 것을 알 수 있습니다.

이상의 단계를 거쳐 키워드의 근거를 세우게 되며, 근거에 따른 명백한 반론이 없다면 키워드로 확정하고, 이후 이 지식들을 통해 해당 카드를 더 폭넓게 해석함으로서 다른 부수적 키워드도 발견해 실제 해석에 넣을 수 있게 되죠.

바로 이 단계가 2번 항목(어쨌든, 흡사한 지식을 통해서라도 유추해내고, 이를 나중에라도 증명하면 되는 것 아닌가?)에 해당하며, 이 단계에서 그 흡사한 지식이 명확한 지식으로 확정되는 순간 1번 항목(중추 키워드를 통해 이해하면 다른 모든 키워드를 알 수 있기 때문에 외울 필요가 없다)의 경지에 첫 발을 내딛게 되실 겁니다.

이 과정을 거친 이미지 리딩이냐 아니냐가 수준 차를 그대로 보여줍니다. 더 나아가 현대에 맞춰 키워드를 재해석, 적용해내는 사람이야말로 진정한 마스터라고 할 수 있습니다(물론 그 마스터조차 자신의 근거가 허물어지면 다시 근거를 만들고자 학술 연구를 계속해야 하죠).

위와 비슷한 방식을 통해, 5 of Swords의 키워드 "비열한 방법 때문에 패배할 것이다."에 머물렀던 카드 해석이 현대에 알려진 대로 "(수단 방법을 가리지 않은) 승리"라는 키워드를 추가하며 더 폭넓은 해석이 가능해진 사례도 위와 같았습니다.

해석은 이와 같이 계속 유구하게 발전해가며 과거를 비추던 것을 이용해 현재의 어떤 위치로 발맞춰 적용하고, 이야기를 전승해나가는 것입니다. 단순히 아무런 생각 없이 보이는 것만을, 보고 싶은 것만을 보고 해석하는 것의 한계를 확인하셨을 것입니다.

모쪼록, 이 책을 통해 많은 것을 얻고 발전해 다양한 이야기가 오갈 수 있기를 바랍니다.

참고 자료

Giordana Berti/Tiberio Gonard, *Tarot of the New Vision*, Lo Scarabeo, 2005(Artwork: Gianluca and Raul Cestaro)

필리프 브로샤르, 『중세의 성과 기사』, 동아출판사, 1987

박은구 외, 『중세 유럽문화의 이해』, 숭실대학교출판국, 2012

〈'반드시 후파 아래서' 결혼식 하는 유대인〉, 《기독일보》, 2018년 2월 5일 자(https://goo.gl/pCxail)

49. 매뉴얼 리딩

3. 키워드를 진짜 전부 다 외워서 해버리면 그만이므로 그림 따위 신경 쓸 필요 없이 다 외울 것이다

앞에서 우리는 이미지 리딩의 명암을 확인했습니다. 이번에는 이미지를 보지 않고 매뉴얼만 외우게 되면 어떤 장단점이 있는지를 설명하겠습니다.

사실 매뉴얼은 이미지 리딩을 하지 않아도, 그림에 담긴 내용이 무엇을 뜻하는지를 그대로 보여주는 표지입니다. 그렇기에 이미지 리딩을 하기 전에, 매뉴얼을 달달 외우는 것만으로도 기본적인 해석은 가능합니다. 문제는, 비슷한 뜻이 있을 때 어떤 의미로 다가오느냐를 명기하지 않았기 때문에 키워드가 자꾸 겹친다는 것이죠. 특히 매뉴얼이 영어로 쓰여 있다 보니 더 심하게 간극을 벌려나가게 됩니다.

예를 들자면…… 10. WHEEL of FORTUNE.의 이름인 운Fortune은 다양한 영어 단어로 표현됩니다. luck, fortune, fate, destiny, chance, doom 등으로 표현될 수 있습니다. 그렇다고 저 여섯 단어가 전부 같은 의미를 지닐까요? 절대 그렇지 않습니다. 저 단어들이 같은 의미라면, 운명의 수레바퀴의 키워드로 매뉴얼에 실려 있겠죠.

그러나 없습니다. 이처럼 각 단어의 뉘앙스가 다르기 때문에 문화적으로 밀접하게 접근하지 못하는 우리 처지에선 아무래도 해석을 달리할 가능성이 높아집니다.

luck은 행운을 의미하며(그렇기에 이 키워드는 카드의 정방향 키워드에 그대로 남아 있습니다), fortune은 운運 그 자체를 의미하고, fate는 숙명과도 같은 의미를 취하고, destiny는 우연의 결정체와 비슷하며. doom은 필연적인 마지막을 의미합니다. chance는 그저 어떤 가능성을 타진하는 정도에 그치죠. 그러나 서양인이라면 익숙한 그림을 보고, 익숙한 사용법을 알고 있기 때문에, 매뉴얼에 복잡한 설명이 필요하지 않습니다.

이렇듯, 매뉴얼 리딩의 최고 장점이라면 "무능력자라도 어느 정도 외우기만 하면 기본적인 해석이 가능하다"이지만, 이는 뒤집어본다면 "정확한 사용처를 모르고 단순한 단어장의 역할만 가진 채 해석을 진행할 수밖에 없다."가 됩니다. 그러나 장점이 가지는 이득이 대중적으로는 너무나도 이득이 되기에 매뉴얼이라는 요소를 포함할 수밖에 없는 것이죠.

하지만, 더욱 큰 문제는 다음으로 이어집니다. 제가 타로카드에 대한 내용을 강의하거나, 알려줄 때 가장 많이 이야기가 나온 부분이기도 합니다.

"한 장 한 장은 알겠는데 전체를 연계 해석하려니 말이 되질 않아요."
"어떻게 그게 한 번에 통으로 해석될 수 있나요?"

이런 단점이 치명적으로 작용하게 됩니다.

이는 배열법의 위치, 역할에 따른 키워드의 해석을 하나의 문장으로 통합하는 작업이 필요하며, 여기서 배열 각 위치에 해당하는 의미를 접합하면 매뉴얼 리딩의 단점을 거의 보완할 수 있고 나아가 자연스럽게(그리고 이 덱을 만든 제작자들의 의도대로) 카드를 해석할 수 있게 됩니다.

50. 타로카드 78장 키워드

아래에 소개할 키워드들은 라이더-웨이트 덱을 기준으로 중추 의미들을 축약해 명기한 목록입니다. 이에 더해, 타로카드 총서 중 상징편의 초판 한정 부록에 포함된 타로카드 카드 뒷면에 새겨진 키워드들이기도 하지요.

학습에 도움이 되리라 여겨 공개합니다만, 어디까지나 키워드는 참고용일 뿐 아래 내용에만 국한되지 않는다는 점에 주의해 올바른 해석으로 나아가실 수 있기를 기원합니다.

0	새로운 시작, 무모한 도전
1	의지, 기술, 속임수
2	이해, 신비, 수동적
3	풍요, 생산, 모성
4	가부장적, 정복, 기반을 위해 희생을 마다하지 않음
5	교육, 전통, 권위
6	의사소통, 화합, 파트너십
7	추진력/움직이고 있으나 움직이지 않음/(자신이 원하는 것에 대한)열정
8	인내, 때를 기다림, 움직이지 않으나 움직이고 있음
9	고난, 조언하다/구하다, 외로움
10	화무십일홍/변화
11	정의正義, 정의定意, 명분
12	헌신, 통과 의례, 희생
13	변환, 끝, 시작
14	회복, 최적화, 재구축 및 정화
15	합리화, 부패, 타락
16	급변, 충격, 파괴되는 구체제
17	다른 이들과 다른 경지에 이르다, 차원이 다른 무엇(의 강림), 알 수 없는 충만함

18	불안, 무의식, 동요
19	(결과물의) 완성(을 통해 승리), 계승자, 자랑(자만)하다
20	(번복할 수 없는)최종 결론, 판결, 부활과 복권/사면
21	종료, 고정, 불변

Aw	발견, 발명, 창조
2w	관망, 사색, (특정 어떤 것에 대한)고민
3w	(어떠한 생각/행위에 대한)반응을 받다, 피드백
4w	이상의 구현, (일/생각의)종료, 이상론
5w	노동, 토론, 투쟁
6w	(정신)승리, 성공(에 따른 질투), 자랑(을 빙자한 잘난 척)
7w	대처, (어떠한 사고방식/의견에 대한)대응, (임기응변에 가까운) 기지
8w	신속(한 이동), 소문, 가장 빠른 방식을 이용하다
9w	노력(의 결실/한 후의 상태), 포기하지 않음
10w	무리, 강행, 힘겨운 버티기
Pw	소식(의 전달자/아이), 신문(뉴스), 새로운 아이디어(패러다임)
Nw	여행, 마중, 철학도
Qw	재기발랄(한 여성), 자기주장/표현, 개성
Kw	통찰/통달, 철학가, 전형적인 아버지상

Ac	감동, 감수성, 감정 폭발
2c	관계 성립, 계약
3c	축제, 연회, 엔터테인먼트
4c	불만, 불평, 투정
5c	실망, 상실, 후회
6c	추억, 향수, 전승
7c	망상, 꿈
8c	마음이 떠나다, (버려진)성공, (끝나버린)축제
9c	(나 혼자만의) 만족, 소망의 성취, 달성(으로 인한 만족)

10c	조화, 가족애, (잠시뿐인)평화
Pc	충동, 감정 폭주, 분화하는 감수성
Nc	감정의 전달, 전도
Qc	자신의 감정에 충실함, 순수함
Kc	냉철, 정치, 관리

As	승리/패배, 절대적인 공식
2s	움직일 수 없음, 냉전 상태
3s	갈등, (심적)고통, 우울, 슬픔
4s	휴식, 휴가, (과거의)업적, 도전 과제
5s	비열한 승리 또는 패배, 배신(자)
6s	더 나은 방향으로의 이전/도피
7s	도둑질, 꼼수, 누수
8s	자승자박, 행동할 수 없음
9s	(미지의 것에 대한)공포, 슬픔, 두려움
10s	부정적인 생각, 파멸, 종료
Ps	정찰, 염탐, 기회주의
Ns	돌진, 맹목적, 지행일치
Qs	커리어우먼/세련된 여성, 과부/결핍, 미련 없음/후회
Ks	의사/기술자/법 계열 직장인/엔지니어, 냉정, 공사 구분/냉혹

Ap	명예, 훈장, 원석, (신이 내린)선물
2p	교환, 변화, 조율
3p	의뢰하다/받다, 전문가
4p	집착, 변동 없음, 긴축
5p	궁핍, 결핍, 소모
6p	분배, 자선, 구걸
7p	욕심, 기회를 엿봄, 그림의 떡
8p	견습, 노력, 초보
9P	(알 만한 사람만 아는)부의 완성과 유희, 비밀 유지

10p	일상(적인 부), 평범, 완성
Pp	(어떠한 결과물/가치에 대한)추구, 공부
Np	현상 유지, 자력갱생, 견실 추구
Qp	(자산 등의)운용/관리/집행, 자녀의 양육
Kp	상속자/유복자, 게으름/나태/낭비, 현실 제일주의

51. 연계 해석

1. 중추 키워드를 통해 이해하면 다른 모든 키워드를 알 수 있기 때문에 외울 필요가 없다

여기까지 읽으셨다면, 여러분은 타로카드가 지향하는 해석의 모습이 어떤 내용인지 대략적으로 확인하셨을 겁니다.

그렇다면 마지막으로 제시된 연계 해석은 무엇을 의미할까요?

단순히 말하면, 카드 한 장 한 장을 연결해 다른 키워드를 만들어 나가는 과정이라 볼 수 있으며, 그 과정에서 질문자가 언급하지 않은 숨겨진 정황이나 감춰진 사항 들을 알기 위해 카드와 카드 사이의 연계, 배열 전체에서 수트의 분포/영향력 개입 유무, 배열에서 특정 위치 사이의 선택적 조합 등의 방법으로 도출된 내용을 전체 해석과 비교해 더 세부적으로 해석해내는 것이 바로 연계 해석입니다.

그렇기에, 질문 자체가 너무 추상적이고 단순할 경우('연애운요!') 연계 해석을 위해 불가피하게 질문을 더 세세하게 요구하거나('상대가 있는 건가요, 없는 건가요?'-이에 따라 배열이 바뀔 수 있음), 또는 어떤 상황이 성립된 것인지 아닌지('소개팅인지 아니면 아무런 연고가 없는 제3자에 대한 것인지?'-문제에 따라 감정의 유무나 사건의 진행 방향에 대한 로드맵을 더 정확하게 짜줄 수 있음), 사건의 배경에 어떤 특정 요소가 존재하는지를 확실히 한 뒤* 이를 더 구체적인 해석으로 승화시키는 작업으로도 볼 수 있습니다.**

---

* 이는 카드 자체에 담겨진 키워드를 주제에 따라 연계하게 될 경우 포괄적이고 다양한 키워드가 무수히 나오기 때문입니다. 그렇기에 해석 시, 어떤 변수를 포착했을 때 그 변수가 해당하느냐 아니냐에 따라 키워드 적용이 세밀하게 변할 수 있다는 점을 주의해야 합니다.

** 다만 여기서 주의할 점은, 포러-바넘 효과나 콜드 리딩과 달리 이 해석에 대해서는 카드에 그려진 그림을 통해 상징이 의미하고자 하는 바를 명확하게 제시할 수 있어야 한다는 것이죠.

실례를 확인해보겠습니다. 단순한 3카드 라인 스프레드로 과거-현재-미래를 펼치는 방식으로 점쳤던 것이며, 날짜는 1995년 3월로만 기록돼 있군요. 질문은 '이곳에 이사 가서 잘살 수 있을까?'였으며 질문자는 제 어머님 되십니다. 배열은 다음과 같습니다.

4 of Swords - 7. THE CHARIOT. - 4 of Wands

우리는 이전 글을 통해, 카드 세 장의 의미를 간단히 살필 수 있었습니다. 해당 질문에 대한 사전 정보를 간단하게 설명하자면 다음과 같습니다. 집에 불이 나서 이사를 알아보다가 임대주택 이야기가 나왔으며, 이에 따라 당시 논밭이었던 분당으로 이사를 가야 하는지 고민했던 어머니는 직접 공사 현장을 가보기로 합니다. 그리고 예전에 살던 집과 다르게(당시 아파트 거주 경험 자체가 없음) 너무나도 좁게 보여 이런 곳에 어떻게 사람이 사느냐고 할 정도였죠(14평). 제 형님의 설득에도 아랑곳없이 너무 좁아서 사람이 살기 어려운 것 아닐까 하는 의심을 풀어주고자 막둥이가 그냥 펼쳐본 점입니다.

4 of Swords	잠시간의 휴식
7. THE CHARIOT.	행동, 도전
4 of Wands	일의 종료

보통 여기까진 다 알고 있습니다. 매뉴얼에 다 나와 있는 단순한 키워드이니까요. 문제는 여기에 스프레드의 의미를 추가하면 해석이 꼬이기 시작하는 거죠. 스프레드의 의미까지 적용해서, 이 키워드들을 해석해보도록 하겠습니다.

잠깐 동안의 휴식(키워드/이는 사전정보에서 확인할 수 있듯, 거의 피난 생활에 준했습니다)은 이제 끝났고(과거) 이제는 무언가 행동에 옮길 때라는 것을 스스로도 확인할 수 있을 것이며, 실제 움직여야 한다(현재). 그리고 이제 그곳에 이주하게 될 것이다(일의 종료/미래).

자 쉽죠? 여기까진 정확하게 이야기하자면, 연계 해석이 아니라 매뉴얼 리딩에 그친 내용입니다. 이제 위 카드들에 대한 연계 해석을 해보겠습니다.

	키워드	배열 위치	해석
4s	잠깐의 휴식	과거	지금껏 이뤄놨던 기반에 의지해왔다. 지금까지 잠시 쉬고 있었다.
7	빠른 결단 급박한 상황 속의 (내적)갈등 추진력	현재	빨리 결정을 내려야 한다. 새로운 환경에 도전해야 한다. 상황의 주도권을 쥐어야 한다/쥐게 될 것이다. 타인이나 상황에 끌려가야 할 것이다.
4w	완료 후의 휴식 일/생각의 종료 이상의 구현	미래	이 결정은 번복할 수 없다. 이상적인 결정을 통해 장기적인 안식을 취할 수 있다.

7 　또한 이 이동은 인생의 큰 획을 긋게 될 하나의 사건이 될 것이다(메이저 수트가 가지는 기본적 의미인 '거부할 수 없는 거대한 흐름'의 의미를 적용했습니다).

4w　이 질문을 한 이유는 막연한 낙관도, 새로운 환경에 적응을 못할 것 같은 걱정도, 이 결정을 돌이킬 수 없다는 것에 대한 것도 아니다. 오로지, 과거에 있던 본인의 기록과 추억이 이제 연계점을 찾게 되지 못하게 되며, 이로 인해 그 많은 추억이 소실돼갈 것을 걱정하기 때문이다('이상의 구현'이라는 4 of Wands의 의미는 이 질문에선 부정적 의미로 적용됩니다. 이는 과거와 다른 생활을 시작하는 것을 기피하고 적응하기를 거부하고 있는 질문자의 현 상태를 통해 확인할 수 있습니다).

카드 조합	해석
4s + 7	본인에게 있던 과거의 영광은 없다는 점을 자각해야 지금 마주한 고민거리를 해소할 수 있을 것이다.
7 + 4w	이 결정을 통해 최종적으로 질문자의 인생을 마무리하는 보금자리 를 결정하게 될 것이다.

이와 같이 카드를 단순히 한 장 한 장으로 두지 말고, 여러 카드를 엮어 하나의 카드로 연계를 시도한다면 더욱 다양하고 자세한 해석을 할 수 있습니다.

가장 유명한 예시가 바로 15. THE DEVIL.과 4 of Cups의 조합일 것입니다. 이 두 카드가 결합하면 '중독(실제 독에 중독된 게 아니라, 어떤 것에 의존적으로 매달리는 의미)'이라는 키워드가 도출됩니다. 15. THE DEVIL.의 '유혹/부패'와 4 of Cups의 '불만족'이 합쳐진 경우죠.

즉, 두 카드의 키워드가 상호작용이 일어나 '항상 불만족하게 만드는 무언가의 멈출 수 없는 유혹'으로 해석되며, 동시에 이런 양태를 가장 잘 보여주는 것이 바로 '중독'이라는 실제 사례가 되는 겁니다(물론 이 조합 키워드는 우리나라에서 나온 것이 아니기에, 중독이라는 사례가 쉽게 나오지는 않겠죠). 저도 위와 같은 방법을 통해, 연계를 하다 보니 나오는 해석일 뿐입니다.

그렇다면 연계 해석을 할 때는 어떤 걸 주의해야 할까요? 따로 기준점은 없습니다. 근거만 마련하면 어느 정도는 다 통용되기 마련이니, 큰 문제는 되지 않습니다. 다만 제가 개인적으로 두고 있는 기준은 다음과 같습니다.

1. 연계 해석을 할 때, 질문/정보/배열/카드들의 정보가 전부 공통적인 해석에 닿을 수 있어야 한다.
2. 해당 연계 해석을 할 경우, 근거를 제시해 본인의 주장에 당위성을 부여할 수 있어야 한다.
3. 단순한 매뉴얼을 넘어, 정확한 상황 묘사에 초점을 맞춰 질문자에 대한 커스터마이징을 해주어야 한다.
4. 해당 연계가 당사자가 납득할 수 있는 문화적 배경에 맞추어져야 한다.

1번 항목에 대해선 굳이 큰 설명이 필요 없을 것입니다. 배열을 펼쳤는데 몇 번 카드는 빼놓고 다른 카드 몇 장을 엮어 무조건 이렇게 된다고 하는 해석은 불완전하잖아요?

2번 항목에 대해선 앞에서 이미지 리딩에 대해 언급했던 내용과 크게 다를 바 없습니다.

3번 항목에 대해선 이건 순전히 해석자의 역량이 중요합니다. 예를 들어, 세금에 대해선 아무것도 모르는 사람이 갑자기 세금 탈루 관련한 조언을 하기엔 문제가 있을 수 있죠. 물론 이 부분은 굳이 타로카드만 해당되지 않습니다. 그렇기에 더 확실하고 명확한 해석을 하려면 다양한 분야에 대해 최소한의 지식이라도 있어야 한다고 생각하며, 이를 위해 아직도 노력하고 있습니다.

4번 항목에 대해선 상당히 할 말이 많긴 합니다. 간단히 언급하자면, 위에 언급해둔 15. DEVIL.+4 of Cups의 경우 미국/유럽에서는 약물중독으로 통용되는데, 이는 그만큼 그 나라에서 해당 물품들을 쉽게 접촉할 수 있다는 뜻이 되는 것이잖습니까? 우리나라에서 어디 동네 뒷골목에서 "여기 헤로인 한 병이요." 이럴 수 있나요? 말도 안 되는 소리죠. 그렇기에 전 국내에서 실제적으로 접하기 쉬운 알코올 중독 정도로 낮춰서 해석하곤 합니다. 우리가 살아가는 세상에서 누구나 쉽게 납득할 수 있어야 한다는 것이죠.

물론 처음부터 이렇게 하기엔 매우 어렵습니다만. 적어도 이 방식이 익숙해질 즈음이 되면, 아마 여러분들은 점을 볼 때 틀렸다는 말보다 잘 맞는다는 말을 더 자주 듣게 되실 겁니다. 그리고 부수적으로 세상에 대한 통찰이 생기고, 이는 여러분을 더욱 현명하게 만들어 줄 것입니다.

52. 타로카드가 시사하는 바

그렇다면 타로카드가 시사하는 바는 무엇일까요?

단순히 보자면, 타로카드는 그저 점을 보는 도구 그 이상도 그 이하도 아닙니다. 그러나 수많은 점술 속에서, 타로카드는 유독 사람을 바라보고 그를 통해 앞을 유추하는 경우가 많습니다. 이는 타로카드에 들어간 내용들, 그 가운데서도 특히 상징과 도상이 보여주는 인문학적 내용에서 드러나게 됩니다.

현대에 이르러, 인문학이 점차 소외되고 있지만, 반대로 어떻게든 인문학이 살아가면서 반드시 한 번쯤, 아니 평생에 걸쳐 언제나 접하거나 고민하는 내용이 맞물려 있다는 점을 누구도 부정하지 못할 것입니다.

누군가 말했듯, 역사는 돌고 돕니다. 사람들의 생활이 겉보기엔 크게 발전한 듯 보여도 사람과 사람 사이의 이야기는 예나 지금이나 방식이 조금 다를 뿐 본질은 크게 바뀌지 않는 것만 봐도 알 수 있죠.

타로카드는 이런 인문학적 지식을 통해 더 깊이 있는 해석을 할 수 있는 도구입니다. 살아가며 고민할 수 있는 내용, 자신 앞에 놓인 갈림길에서 더 현명하게 선택할 수 있도록 돕는 도구입니다. 더 나아가, 사람과 사람 사이에서 이루어지는 많은 일에 대해 다양한 시각을 제공해주고, 사람 자체에 대한 이해를 바탕으로 삶에 대해 더욱 많은 이야기가 오갈 수 있게 합니다.

그리하여 지식과 지혜가 쌓이고 좋은 인연을 맺는 것은 부가 소득이 되겠죠. 또한, 타로카드의 최고 장점인 다른 지식과의 연계성은 타로카드를 점술 도구로 머무르게 하지 않고, 각자의 지식을 심화하는 방법으로도 사용할 수 있게 합니다.

모든 점술이 그렇지만, 시작이 있으면 끝이 있습니다. 수많은 경로 속에서 자신이 배우고 아는 것을 더 손쉽게 이해하려면 다양한 관점으로 접근할 수 있어야 합니다. 이로써, 단순히 타인과 자신의 운명을 보는 행위를 넘어, 사람과 사람 사이의 일을 관찰하고 이를 초월해 세상 전체의 이야기를 관조하고 살피는 것까지도 가능해집니다.

그것을 사람들은 통찰력이라고 부르지요.

제4부

타로카드
그림열쇠에 대한 소론

1. 서론

타로카드는 점을 목적으로 고안된 한 벌의 트럼프로, 유럽 귀족 가문의 기념과 교육을 목적으로 한 플레잉 카드Playing Card에 그 기원을 두고 있습니다. 그리고 17-18세기를 거치면서 프랑스 카발라주의자들이 특수한 의미를 첨가하며 점으로서 목적이 명확해졌고, 체계가 정리됐죠. 이때까지만 해도 타로에 담겨진 카발라는 타로 점의 철학 체계를 지원하는 데 그쳤습니다.

하지만 그 뒤에 오컬트주의자Occultist들은 카발라와 타로의 관계를 꾸준히 주목했습니다. 그리고 마법적 속성이 타로에 잠재돼 있다는 가설을 끊임없이 제기해왔습니다. 이들은 카발라적 세계관을 바탕으로 구축된 타로카드가 마법과 연금술의 비의들을 전달해줄 수 있는 도구가 될 수 있으리라고 여겼습니다.*

그리고 그노시스Gnosis파 단체인 황금새벽회에서는 타로카드를 활용해 연금술·마법적 수행에 대한 기독교적 카발라주의의 교리 교육을 할 수 있으리라고 생각했습니다.**

아서 에드워드 웨이트는 점술에 국한된 타로카드의 영역을 확장하고, 특수한 오컬트적 수행법과 그노시스파의 철학 교리를 카드에 담아내려 기존의 타로 덱을 개정했습니다. 더불어 그 의미들을 더 확고히 하고자 체계와 상징을 개정했습니다.

하지만 타로카드를 기존의 오컬트적 수행, 실천적 카발라주의의 도구로 여기는 움직임은 그 당시에도 있었고, 이를 바탕으로 연구나 덱의 고안도 꾸준히 있었습니다. 하지만 웨이트는 이러한 은비학隱秘學 기반의 타로 설명이 매우 불충분하며, 기존 해석은 불완전하다고 생각했습니다. 그는 은비학적 타로카드 개설서의 대표격인 제라르 앙코스의 『보헤미안 타로』를 직접 번역하고, 역자 후기에서 이 책의

---

* 연금술에서는 도상에 그려진 상징으로 비밀스럽게 지식을 전수했던 전례가 있습니다.

** 알리스터 크롤리, 모건 그리어, 핸슨 로버츠가 모두 이 생각에 동의해 타로 덱을 디자인했습니다. 따라서 이들의 타로 덱을 라이더-웨이트 덱과 비교해 보는 것이 참고가 됩니다.

시도들이 가치는 있으나 많은 부분에서 불충분하다고 평합니다. 그리고『타로의 그림열쇠』에서 '개정된 타로'라고 칭하며 라이더-웨이트 덱을 소개하죠. 그는 당시까지 등장한 수많은 은비학 이론이 타로카드와 불완전하게 연결됐다고 확신했습니다. 따라서 라이더-웨이트 덱에서 '기독교 카발라주의에 기반한 연금술적이고 마법적인 수행 지침을, 분명한 그림들을 통해 명시하는' 체계를 고안하려 했던 것으로 보입니다.*

2. 마성적 관념론

라이더-웨이트 덱은 점술의 목적 말고도 특수한(기독교 카발라적인) 철학을 표현하며, 숨겨진(오컬트적인) 수행법을 제시합니다. 그리고 그 모든 것은 오로지 그림으로 된 상징으로만 표현됩니다. 또한 상징 언어를 쓰면서, 위에 언급한 내용을 모두 감춰두었습니다. 라이더-웨이트 덱에서 이 수행적 의미를 파악하기 어려운 까닭은 상징이 언어학적으로 가지는 본질적 성격에 있습니다.** 모든 상징은 특수한 의미를 전달하고자 쓰이며, 특히 라이더-웨이트 덱은 기독교 카발라주의를 공유하는 미학적 흐름인 마성적 관념론Der Magische Idealismus 을 지지하며 고안됐습니다.*** 마성적 관념론의 신조는 "일상적인 것

---

* 실제로 황금새벽회의 맥그리거 매서스는 이 타로카드를 교육용으로 썼던 사례가 있습니다.

** 언어가 자의성을 획득할수록 의미는 명료해지면서 기표와 기의가 일대일 관계를 맺게 됩니다. 그러나 반대로 언어가 대상 지시물의 형상에 가깝고 자의성을 상실할수록 이미지에 가까워지며, 기표에 담기는 의미가 많아집니다 (이에 대해선 소쉬르의『일반언어학강의』를 참고). 언어학적으로 예술은 가장 자의성이 상실된 언어 체계이며, 언어 기표가 담지 못하는 기의(죽음, 무의식, 인지 불가능 세계)를 표현할 수 있게 됩니다(이에 대해서는 파스칼 키냐르의『혀끝에서 맴도는 이름』의「메두사에 관한 소론」을 참고). 타로카드는 명백하게 후자의 입장에서 그림 언어를 다루고 있습니다. 점술적 키워드는 The Fool, The Strength 등 '카드의 이름'이라는 자의적 언어로, 오컬트적 키워드는 '그림 상징'이라는 비자의적 언어로 표현된 것입니다.

*** 야코프 뵈메Jakob Böhme에 지대한 영향을 받아 만들어진 이 미학적 관념론은 독일 그노시스파 시인이자 철학자인 노발리스Novalis가 주창했습니다

에 고귀한 의미를, 진부한 것에 특수한 사명을, 특수한 것에 보편적 가치를."입니다. 이것은 일반적인 그림 상징에 비밀스러운 교리를 심어놓은 타로카드의 맥락과 완벽하게 일치합니다. 본디 야코프 뵈메에서부터 시작된 이 사상은 노발리스에 이르러 예술에서의 표현력을 획득했는데, 라이더-웨이트 덱도 이 부분은 맥락이 같습니다.

노발리스와 윌리엄 버틀러 예이츠를 비롯한 낭만주의 미학자들은 사소한 사물 속에 숨어 있는 심원한 비밀을 찾고자 노력했으며 (사소한 행동이든 거창한 행동이든) 삶의 모든 행동이 예술 작품과 마찬가지의 역할을 할 수 있다고 믿어왔습니다. 그들은 일상의 배후에 감춰진 비밀을 "예술을 통해" 접근할 수 있다고 주장했습니다.

이 마성적 관념론에 따르면 모든 상징에는 배후에 감춰진 의미가 있으며, 그 배후의 비밀은 철저히 개인 체험과 내면의 신비를 통해서만 발견할 수 있습니다. 마성적 관념론은 철저히 주관적 관념론입니다. 그리고 그 메시지들은 오로지 예술을 통해서만 전달할 수 있습니다. 그 전달자 역할을 타로카드의 상징들이 맡고 있죠. 라이더-웨이트 덱의 특수한 의미들을 발견하기 시작하면 타로카드를 통해 숨겨진 교리를 찾을 수 있습니다. 이러한 라이더-웨이트 덱만의 특수한 교육 메시지는 첫 번째 카드인 마법사1. MAGICIAN. 카드의 장미 덩굴을 통해서 표현돼 있습니다.

마성적 관념론에 따르는 낭만주의 미학적인 상징 텍스트는 이론으로 설명하거나 명시할 수 없으며, 오로지 내면의 경험과 주관적 체험으로 감화感化돼야 합니다. 이런 점 때문에 웨이트는 『타로의 그림 열쇠』에서 은비학적 의미가 담긴 상징에 대해서는 철저히 설명을 피했습니다. 라이더-웨이트 덱에 숨어 있는 교리를 이해하려면 연금술과 기독교 카발라주의의 관념체계를 이해해야 합니다.

라이더-웨이트 덱의 교리들은 황금새벽회가 추구했던 교리와 철

(프리츠 마르티니, 『독일문학사』, 을유문화사, 1989). 노발리스의 마성적 관념론은 낭만주의 미학의 뿌리가 됐습니다. 그리고 황금새벽회의 일원이며 라이더-웨이트 덱에 직간접적으로 관여한 윌리엄 버틀러 예이츠는 가장 대표적인 낭만주의 시인입니다.

학적 방향을 이해한 자만 접근할 수 있도록 고안된 거대한 엠블럼입니다. 그리고 그 진입에는 '초청'이 필요하며, 타로카드가 그 초청 자체의 일환으로 고안됐음도 추론해볼 수 있습니다. 다시 말해, 라이더-웨이트 덱은 황금새벽회의 교리 입문서 노릇을 합니다.* 라이더-웨이트 덱의 수많은 해설과 연구가 나와 있으나, 각기 해석이 다른 까닭도 여기에 있습니다. 기독교 카발라주의와 마성적 관념론을 이해하지 못하면 타로카드의 그림들은 국지적 상징으로만 남기 때문입니다.**

3. 변형된 상징들

기본적으로 라이더-웨이트 덱은 기독교 카발라주의와 마성적 관념론에 기반한 수행 방법을 표현한 상징으로 채워져 있습니다. 그리고 점술에 쓰이는 카드의 키워드가 이 수행 방식에 대한 이해를 돕게끔 설계돼 있습니다. 따라서 기존의 클래식 덱과 다르게 라이더-웨이트 덱은 기독교적 카발라주의와 마법적 수행에 대한 상징들이 타로카드 본래의 점술 키워드와 아주 긴밀하게 연결됩니다. 이 부분은 타로카드의 메이저 카드뿐만 아니라 (매우 많이 개정된)마이너 카드에서도 마찬가지로 드러납니다.

웨이트가 라이더-웨이트 덱에서 개정한 작업은 크게 세 가지로 압축할 수 있습니다.

　1) 기존의 상징을 변경
　2) 카드의 이름을 변경

* 마성적 관념론에 따르면, 모든 인간의 삶은 하나의 예술 작품이고, 따라서 인간들이 하는 개개의 행동은 그들이 마음먹기에 따라서 하나의 상징으로 기능할 수 있습니다. 곧, 라이더-웨이트 덱 자체는 웨이트가 보내는 황금새벽회로의 초청장입니다.

** 이 점은 웨이트가 기존 오컬트주의자와 카발라주의자의 타로 해석에 불만을 품었던 부분과 비슷합니다. 상징을 국지적으로 해석하면 의미가 좁아지고 갇히기 때문에, 더 넓고 큰 사유의 흐름 안에서 그림의 의미를 '낭만적 예술' 형태로 표현해야 한다는 것이 그의 생각이었을 가능성이 매우 큽니다.

3) 카드 배치를 변경

카드의 상징을 바꾸는 것은 카드의 몇 가지 또는 몇십 가지 키워드를 수정하는 것이며, 카드 이름을 바꾸는 것은 키워드의 기반을 바꾸는 것이고, 카드 배치를 바꾸는 것은 키워드의 철학을 수정하는 것에 해당합니다.* 특히 카드 배치는 가장 중요한 것으로, 메이저 카드의 순서부터 마이너 수트의 순서까지 모든 것을 기독교적 카발라주의에 완벽히 부합하도록 수정했습니다. 라이더-웨이트 덱이 등장한 뒤 마르세유 타로와 클래식 타로는 연구가 중단됐는데, 이는 이 덱에서 개정된 부분에 대해 그들이 받아들일 수밖에 없었음을 증명합니다.

1) 기존 상징을 변경

메이저 아르카나에서는 기존의 클래식 덱보다 훨씬 더 형이상학적이며 내면적인 키워드로 맥락을 변경했습니다. 웨이트가 활동하던 시기는 화학의 발전으로 연금술이 몰락하던 중이었죠. 웨이트는 연금술의 '작업' 자체 보다는 내면의 수행에 대해서 고민했습니다. 따라서 라이더-웨이트 덱에서는 정신적/내면적 수행이 타로카드 키워드의 중심에 자리잡고 있습니다. 반면 같은 기독교 카발라주의에 기반하고 있지만, 수행법에서 좀 더 실천성을 지지한 알리스터 크롤리는 토트 덱을 고안해서 자신의 수행 방식을 제안했습니다.**

라이더-웨이트 덱에서 가장 대표적인 상징 변경은 클래식 덱에서 동전Coin으로 쓰던 것을 오각별Pentacle로 바꾼 것입니다. 이 변경이 위에 언급한 이 덱의 상징 변경 이유를 극단적으로 보여줍니다.

동전은 물질 자체를 의미합니다. 교환할 수 있고 손에 쥘 수 있는 것이죠. 그렇기에 동전으로 표현되는 키워드와 해석 들은 무조건 실

---

* 아래에서 언급하겠지만, 이는 타로카드의 키워드 해석에서도 명확한 차이를 보입니다.

** 이 부분에 대해서는 라이더-웨이트 덱과 토트 덱에서 표현된 상징 도상을 비교하면 차이가 드러납니다. 두 덱 모두 상징의 철학적인 기반과 의미 맥락은 공유하지만, 분화되는 자세한 상징들에서는 차이를 보입니다.

체를 가지고 존재해야 합니다. 때문에 이 상징은 유형화(교환가치)가 없는 것들은 설명할 수 없다는 한계가 있습니다. 또한 마이너의 4개 수트 중 나머지 셋이 보여주지 못하는, 이 수트만의 의미를 공유해야 했습니다. 라이더-웨이트 덱은 동전을 오각별으로 변경함으로써, 기존의 동전이 가진 '물질화'와 '유형화'라는 의미 외에도 무형적 의미인 '현실화, 실현화, 구현화, 고정화'까지 키워드를 확장시켰습니다. 그리고 이 부분은 기독교 카발라주의의 내용과 완벽하게 일치하는 상징이었죠.* 라이더-웨이트 덱의 상징 변경은 타로카드에서 표현될 수 있는 키워드의 범위를 훨씬 더 확장시키는 효과를 의도한 것이며, 또한 '무형의 자산(예: 저작권)'이 인증되기 시작한 당대當代 흐름의 반영이기도 합니다.

키워드 확장을 위한 상징 변경은 라이더-웨이트 덱의 곳곳에 보입니다. 마법사1. MAGICIAN. 카드의 경우, 마르세유 덱에서는 협잡꾼의 키워드를 탁자의 다리가 하나 빠진 상태에서 진열을 해두는 묘사로 표현했으나, 라이더-웨이트 덱에서는 탁자에 4원소를 올려둠으로써 유능하고 진정한 마법사로 상징을 변경시켰습니다. 이 변경을 통해 인간은 잠재적으로 무한한 가치를 지니고 있으며, 스스로의 깨달음으로 모든 것을 할 수 있음을 주장한 것입니다. 이는 당시의 기독교 카발라주의 철학의 핵심이기도 했습니다.**

2) 카드 이름을 변경

카드 이름을 변경한 이유와 그로부터 파생되는 기본 의미의 변경에 관해서는 메이저 상징편을 참고하시면 됩니다. 메이저 아르카나에서

---

* 본질적으로 이 오각 별이 가지는 상징은 4원소의 대지 속성으로, '관념적인 것들이 구현됨'이라는 뜻입니다. 물질적인 것만 아니라 정신적인 것들까지도 '이루어짐'을 뜻할 수 있습니다. '관념의 구현화'에 대한 상징은 마법사1. MAGICIAN. 카드의 마법사가 취한 자세에서도 드러납니다.

** 토트 덱의 경우, 마법사를 과거-현재-미래로 나누었는데, 과거의 마법사는 샤머니즘의 트랜스를, 현재의 마법사는 다룰 수 있는 것과 다룰 수 없는 것을 나누어 판단할 수 있음을, 미래의 마법사는 모든 것을 다 할 수 있음을 표현한 것입니다. 이는 인간의 잠재와 성장에 대한 관점의 차이라고 할 수 있습니다.

이름이 변경된 카드들은 다음과 같습니다.

  2. THE HIGH PRIESTESS. (여사제)
  5. THE HIEROPHANT. (교황)
  8.THE STRENGTH. (힘)
  16.THE TOWER. (탑)
  20. JUDGEMENT. (심판)

여사제 카드는 기존의 덱에서 '수녀원장papesse'이라는 이름을 썼으나, 기독교 카발라주의의 특성상 이 여인은 세피라Sefirah의 비나Binah가 돼야 합니다.* 따라서 이 카드에 묘사된 여인이 인간이 될 수 없으며, 남들이 볼 수 없으나 존재해야 합니다. 카발라에 따르면 여사제가 묘사하는 비나는 남들이 볼 수 없는 비나, 별17. THE STAR. 카드의 여인은 권위를 복구하는 비나, 세계21. THE WORLD. 카드의 여인은 드러난 비나로서의 셰키나Shekhinah로 세 번 존재합니다. 특히 여사제 카드는 솔로몬의 성전을 묘사하는 상징으로 배치해두면서 '존재할 수 없는 여성'이라는 의미를 극대화시켰습니다. 그리고 솔로몬의 성전이 지닌 종교적 특성까지 모두 카드의 의미 체계로 흡수시켰습니다. 이 신전은 '물질로 존재하지 않는' 성전이며, 그 안에서만 그녀를 볼 수 있다는 의미입니다. 수녀원장은 인간이므로 이 표현을 담을 수 없기에 카드의 이름이 변경됐습니다. 이 카드는 여교황의 다른 이름이 아니며, 라이더-웨이트 덱은 그 부분을 상징을 통해 분명하게 천명합니다.

탑16. THE TOWER. 카드가 기존에 가지고 있던 이름은 하느님의 집Divine mension이며, 이는 제라르 앙코스의 『보헤미안 타로The Tarot of the Bohemians』에서도 언급돼 있습니다. 그러나 웨이트는 이 주장에 전적으로 동의하지 않았습니다.** 탑 카드에서 변경된 핵심은 'Divine

* 『타로카드의 상징: 메이저 아르카나』의 2. 여사제 편을 참고.
** 웨이트는 『타로의 그림열쇠』에서 이 카드의 이름에 대해, '솔로몬의 성전과 에피소드 안에서만 그 의미가 국한적으로 용인된다'고 설명합니다.

mension'에서 'Divine'이 제거됐다는 점입니다. 여기서 'Divine'이 들어가면 인간이 통제할 수 없는 신의 개입만을 뜻하는 것으로 범위가 좁혀지기 때문이죠.*

3) 카드 배치를 변경

가장 대표적으로 알려진 카드 배치 변경은 힘8. THE STRENGTH. 카드와 정의11. JUSTICE. 카드의 자리 교환입니다. 힘 카드의 경우에는 이름도 수정됐는데(FORCE→STRENGTH), 두 단어의 의미가 매우 다를 뿐더러 연금술적 단계에서 수행법도 다릅니다. 또한 물리적 힘Force을 정신적이고 내면의 힘Strength으로 바꾼 근본적인 수정 사항 말고도 당시의 마르세유 덱과 오컬트주의 타로 연구가들의 논란(연금술 수행 단계)이 반영돼 있습니다. 라이더-웨이트 덱에서 정의 카드와 힘 카드의 위치를 바꿈으로써 연금술적 원리를 이용한 수행법과 사유 탐구에 대한 웨이트 본인의 입장을 드러낸 것입니다.

카드의 기본 순서를 바꾸지는 않았지만, 바보0. THE FOOL. 카드와 세계21. THE WORLD. 카드의 위치 또한 라이더-웨이트 덱에서 특기할 만한 부분입니다. 라이더-웨이트 덱에서 바보 카드는 심판20. JUDGEMENT. 카드 뒤에 위치하며, 바보 카드 뒤에 세계 카드가 배치됩니다. 이는 기독교 카발라주의에서 영적 자아가 모험하는 네 번의 세계 순환 구조를 표현한 것으로써, 심판 카드의 기존 이름 'The Last Judgement'에서 'The Last'라는 수식어를 삭제한 부분에서도 드러납니다. 네 번의 세계를 순환해야 비로소 완성(세계 카드)에 도달할 수 있음을 암시하기 위해 배정됐습니다.

---

* 오쇼 라즈니쉬의 제자인 마 데바 파드마Ma Deva Padma는 라이더-웨이트 덱의 내용을 동양적 사유 방식으로 번역하는 작업을 시도했는데, 그가 고안한 오쇼 젠 덱에서는 탑16. THE TOWER. 카드를 불교의 '돈오頓悟'로 표현했습니다.

추천도서

페터 제발트, 『가톨릭에 관한 상식 사전』, 보누스, 2008

진 쿠퍼, 『그림으로 보는 세계문화상징사전』, 까치, 1994

아서 코트렐, 『그림으로 보는 세계신화사전』, 까치, 1997

미란다 브루스 미트포트·필립 윌킨스, 『기호와 상징』, 21세기북스, 2010

에릭 애크로이드, 『꿈 상징 사전』, 한국심리치료연구소, 1997

최정은, 『동물·괴물지·엠블럼』, 휴머니스트, 2005

스티브 세이브다우, 『마법 입문』, 물병자리, 2001

도널드 마이클 크레이그, 『모던 매직』, 물병자리, 2005

다이온 포춘, 『미스티컬 카발라』, 좋은글방, 2009

카를 구스타프 융, 『상징과 리비도』, 솔, 2005

데이비드 폰태너, 『상징의 모든 것』, 사람의무늬, 2011

프란츠 칼 엔드레스, 『수의 신비와 마법』, 고려원미디어, 1996

안드레아 아로마티코, 『연금술』, 시공사, 1998

가이 오길비, 『연금술사의 부엌』, 시스테마, 2010

주강현, 『왼손과 오른손』, 시공사, 2002

캘빈 S. 홀·버논 J. 노드비, 『융 심리학 입문』, 문예출판사, 2004

찰스 K. 오그던·아이버 A. 리처즈, 『의미의 의미』, 한신문화사, 1986

카를 구스타프 융, 『인간과 상징』, 열린책들, 2009

유기천, 『인간의 점성학』 1, 정신세계사, 2011

마틸데 바티스티니, 『점성술·마법·연금술 그림으로 읽기』, 예경, 2010

찰스 폰스, 『카발라』, 물병자리, 1997

윌리엄 릴리, 『크리스천 점성술』 1~3, 좋은글방, 2007

아서 에드워드 웨이트, 『타로의 그림열쇠』, 타로, 2020

레이첼 폴락, 『타로카드 100배 즐기기』, 물병자리, 2005

제임스 조지 프레이저, 『황금가지』, 한겨레출판, 2003

Stuart R. Kaplan, *The Encyclopedia of Tarot* 1~4, US Games Systems, 1978

Rachel Pollack, *Seventy-Eight Degrees of Wisdom: A Book of Tarot*, Weiser Books, 2007

피터 하몬드, 『서양 중세의 음식과 축제』, 개신, 2003

야코프 부르트하르트, 『이탈리아 르네상스의 문화』, 한길사, 2003

필리프 브로샤르·파트리스 펠르랭 외, 『컬러 일러스트레이션 세계 생활사』 1~24, 동아출판사, 1987